INQUIETAÇÃO EMPREENDEDORA

CARO(A) LEITOR(A),
Queremos saber sua opinião sobre nossos livros.
Após a leitura, siga-nos no
linkedin.com/company/editora-gente,
no TikTok **@editoragente** e no Instagram **@editoragente**,
e visite-nos no site **www.editoragente.com.br**.
Cadastre-se e contribua com sugestões, críticas ou elogios.

EDU LINS

PREFÁCIO FABRICIO BLOISI | **APRESENTAÇÃO** ANDERSON THEES

INQUIETAÇÃO EMPREENDEDORA

A JORNADA DE QUEM CRIA IMPACTO
POR UM MUNDO MELHOR

Diretora
Rosely Boschini

Gerente Editorial Sênior
Rosângela de Araujo Pinheiro Barbosa

Editora Pleno
Carolina Forin

Assistente Editorial
Mariá Moritz Tomazoni

Produção Gráfica
Leandro Kulaif

Preparação
Débora Spanemberg Wink

Capa
Thiago de Barros

Projeto Gráfico
Márcia Matos
Marcela Badolatto

Diagramação
Marcela Badolatto

Revisão
Vero Verbo Serviços Editoriais
Elisa Kemil

Impressão
Santa Marta

Copyright © 2025 by Edu Lins
Todos os direitos desta edição
são reservados à Editora Gente.
R. Dep. Lacerda Franco, 300 – Pinheiros
São Paulo, SP – CEP 05418-000
Telefone: (11) 3670-2500
Site: www.editoragente.com.br
E-mail: gente@editoragente.com.br

Dados Internacionais de Catalogação na Publicação (CIP)
Angélica Ilacqua CRB-8/7057

Lins, Edu
    Inquietação empreendedora: a jornada de quem cria impacto por um mundo melhor / Edu Lins. – São Paulo: Editora Gente, 2025.
    224 p.

ISBN: 978-65-5544-603-6

1.Empreendedorismo 2. Negócios I. Título

25-1271	CDD 658.4012

Índices para catálogo sistemático:
1. Empreendedorismo

NOTA DA PUBLISHER

Vivemos em um país vibrante, cheio de gente que sonha alto e que empreende com coragem. Infelizmente, porém, ainda falta o preparo e o suporte que poderiam fazer toda a diferença na jornada de tantos empreendedores. Foi exatamente por isso que apostei em *Inquietação empreendedora*: este livro nasce da dor real de milhares de brasileiros que enfrentam a solidão, a insegurança e o desgaste emocional ao tentar construir um negócio de sucesso em um ambiente muitas vezes hostil.

O tema é urgente. Em um país onde 30% das pequenas empresas fecham antes de completar dois anos e onde a saúde mental dos empreendedores é cada vez mais abalada, é essencial oferecer mais do que fórmulas prontas: precisamos compartilhar vivências reais, aprendizados de quem esteve no campo de batalha e venceu. E é isso que torna esta obra tão especial.

Edu Lins, cofundador da Movile – um dos maiores grupos de tecnologia da América Latina, responsável por negócios como iFood, Sympla, Zoop e Afterverse – e mentor de projetos de impacto social que unem inovação e propósito, tem autoridade para guiar esta conversa porque viveu na pele as dores e as conquistas do empreendedorismo. Ele não fala de uma teoria distante; ele construiu, junto com outros líderes, uma das maiores histórias de sucesso empresarial da América Latina, enfrentando crises, erros e grandes viradas.

A inquietação que move Edu é a mesma que move os grandes transformadores: a busca incansável por impactar positivamente o mundo. Ao compartilhar o Método do Octógono, ele revela como é possível empreender de maneira estruturada, mas sem perder a alma do negócio, aquela chama que nasce do propósito e que sustenta o empreendedor mesmo nos dias mais difíceis. O grande ganho para o leitor é mergulhar em uma jornada de amadurecimento que não se limita a aumentar faturamento ou escalar empresas, mas sim o leva a construir uma trajetória de impacto e significado.

Por isso, é com imensa alegria que o convido a abrir as próximas páginas e permitir que a inquietação que também pulsa dentro de você se transforme em força, estratégia e, principalmente, em um legado que fará a sua história empreendedora valer ainda mais a pena.

ROSELY BOSCHINI
CEO e Publisher da Editora Gente

AGRADECIMENTOS

Este livro é a realização de um sonho que me permitiu colocar nestas páginas os principais pontos que aprendi em toda a minha vida. Jamais teria conseguido chegar até aqui sem o apoio, o carinho e as lições de muita gente.

Dedico esta obra primeiro a Deus, que me carregou no colo quando eu achava que estava andando sozinho. À minha esposa, Lidi, que sempre me apoiou incondicionalmente na busca dos meus sonhos. Aos meus pais, que me moldaram para eu ser quem sou hoje. Aos meus filhos, a grande motivação que tenho para deixar bons exemplos para as futuras gerações. Ao meu principal conselheiro, meu irmão Cristiano. À minha psicóloga, dona Mara, que foi um anjo ao me ajudar a começar a organizar minha mente (trabalho infinito em andamento). Aos meus gestores, principalmente ao Flávio Stecca, que tiveram a paciência de investir em mim para me tornar um profissional melhor. Aos "Jedis" Nelson Mattos e Marianne Kent-Stoll, mentores com talentos complementares, que estão me ensinando tudo o que sei sobre como construir um projeto social de impacto ouvindo as comunidades. A todos que trabalharam comigo, principalmente meu time de líderes na Wavy – o melhor time do qual já fiz parte e que deu o maior retorno sobre capital investido da história da Movile. Aos amigos e familiares que me ajudaram a revisar os capítulos do livro e me deram feedbacks importantes: Lidi (esposa), Maria Lúcia (minha mãe), Cristiano, Zwicker, Marcela, Lu Carvalho, Youssif, Breno, Rafa Braga, Pablo Cavalcanti, Bruna, Lidi Magri e, sobretudo, Marcela Martins, que abraçou comigo o propósito de ensinar nossas experiências a novos líderes e pessoas empreendedoras.

Não posso deixar de agradecer a todas as pessoas que trabalharam comigo, incluindo aquelas com quem tive conflitos positivos ou negativos. Aprendi demais com todos vocês e me dediquei profundamente para passar, nesta obra, os aprendizados para a próxima geração de líderes.

Aos sócios, time de C-Level e investidores das empresas do grupo Movile, também agradeço. Uma das grandes bênçãos que tive na vida foi ter sido exposto a uma diversidade enorme de problemas, trabalhando de perto com muita gente boa e inteligente.

Ao Anderson Thees, investidor visionário que apostou nos times de Compera, nTime, Movile e Yavox lá atrás, que me inspirou a estudar em Stanford, me levou para o Burning Man e que foi testemunha viva de muitas das histórias que estão nesta obra. Eu o convidei para escrever a apresentação que você vai ler em seguida.

Por fim, ao Fabricio Bloisi, meu sócio e grande referência, com quem tive de dividir enormes crises e grandes conquistas. Vivemos juntos o privilégio de ter estudado Ciência da Computação na Unicamp e, com um pouco de sorte e muita competência, nos liderou para criarmos uma empresa incrível, com valor de bilhões de dólares, que gera muitos empregos e tem um propósito sério de construir um mundo melhor.

Ao engajar na causa humanitária da Karimu, eu recebi de volta muito mais do que doei. Todos os direitos deste livro foram doados à Karimu Foundation para o combate à pobreza extrema na África. Dedico esta obra a todos moradores do distrito de Babati, na Tanzânia.

SUMÁRIO

PREFÁCIO 13

APRESENTAÇÃO 15

INTRODUÇÃO 18

CAPÍTULO 1 24

CAPÍTULO 2 30

CAPÍTULO 3 40

CAPÍTULO 4 53

CAPÍTULO 5 69

CAPÍTULO 6 **81**

CAPÍTULO 7 **104**

CAPÍTULO 8 **120**

CAPÍTULO 9 **140**

CAPÍTULO 10 **153**

CAPÍTULO 11 **162**

CAPÍTULO 12 **184**

CAPÍTULO 13 **200**

CAPÍTULO 14 **216**

PREFÁCIO

"Se você pensa que pode, ou pensa que não pode,
de qualquer maneira você está certo."
– Henry Ford[1]

Acredito profundamente na importância de empreender, e não me refiro apenas a fundar empresas. Ser empreendedor é ser apaixonado por criar, se dedicar intensamente, acreditar na mudança e ser o motor dela. É contribuir para construir projetos, organizações e até mesmo um país melhor. E, mesmo diante de adversidades, é se manter firme, abraçando o caminho, com todos os seus desafios e aprendizados. O Brasil precisa de mais empreendedores – pessoas capazes de construir empresas globais de sucesso, melhorar o funcionamento do governo, fortalecer iniciativas sociais e reduzir desigualdades por meio da produção e da inovação.

Entretanto, não acredito em fórmulas mágicas para o sucesso. Acredito, sim, em trabalhar com paixão por um propósito, em estudar incansavelmente, aprender com pessoas mais brilhantes, errar, recomeçar, ajustar o rumo e, acima de tudo, evoluir constantemente. Acima de tudo, acredito que empreender é conhecer histórias de acertos e erros, absorver lições e se comprometer com a melhoria contínua.

Para mim, este livro é uma ferramenta valiosa para quem busca aprender com experiências reais de outros empreendedores. Nele, encontrei histórias incríveis que me inspiram e continuam a me ensinar. Você vai se deparar com lições de Jim Collins sobre encarar os fatos brutais, de Eric Reis sobre o valor do lean startup (o modelo enxuto), de Simon Sinek sobre a centralidade do propósito, de Angela Duckworth sobre a importância da

---

1 FORD, H. **Se você pensa que pode ou se pensa que... Henry Ford.** Disponível em: www.pensador.com/frase/OTU4ODc/. Acesso em: 11 abr. 2025.

garra, de Clayton Christensen sobre inovação disruptiva e de Victor Baez e Heartman House sobre planejamento estratégico. São referências extraordinárias que moldaram minha jornada empreendedora, e espero que possam também moldar a sua. Recomendo aprofundar o aprendizado lendo os livros mencionados nesta obra – vale a pena.

Além disso, este livro traz histórias da Movile e do iFood, empresas com as quais tive o privilégio de estar envolvido. Nossa trajetória foi muito baseada em aprender com outras empresas e empreendedores, como a Ambev e grandes nomes do Vale do Silício. Espero que nossas experiências inspirem você. Às vezes, ao ler estas histórias, pode parecer que tudo foi um acerto atrás do outro – e a verdade é que erramos muito. Contudo, aprendemos ainda mais e continuamos tentando, estudando e melhorando. Minha dica? Quando algo der errado, lembre-se: errar faz parte. Nós erramos diversas vezes, e ainda assim conseguimos construir algo de que nos orgulhamos. Não desista!

No Método do Octógono, encontramos respostas que nos ajudaram em nossa jornada: propósito, disciplina, inovação ambidestra, times de alta performance e o ato de sonhar grande. Ver esses elementos evidenciados nas histórias deste livro me dá a certeza de que ele pode ajudar outros empreendedores a avançar em suas próprias jornadas.

Por fim, este livro não se limita a falar de sonhar grande: ele aborda também propósito e equilíbrio. Tenho a alegria de compartilhar tantas experiências com Edu – desde os tempos em que estudávamos juntos Ciência da Computação na Unicamp, até uma viagem de mochila pela Europa, passando pelo Caminho de Santiago. Em nossas trajetórias, aprendemos a sonhar, executar, conectar-nos com o mundo e retribuir. Fico feliz por ver elementos dessas vivências no Método do Octógono e por vê-los transmitidos para inspirar outros empreendedores a alcançarem um sucesso que vai além do financeiro.

Por tudo isso, recomendo fortemente esta leitura. Aprendi muito com este livro e acredito que ele pode inspirar você a realizar coisas incríveis. O Brasil precisa de empreendedores que sonhem grande, construam com propósito e deixem um legado. O futuro está em suas mãos!

Fabricio Bloisi

Fundador da Movile, ex-presidente do iFood e presidente da Prosus

APRESENTAÇÃO

Escrever uma apresentação já é, por si só, uma grande honra e responsabilidade. Mas escrever a apresentação deste livro, em específico, tem um significado superespecial para mim.

Conheço o Edu há muitos anos, desde 2008, quando começamos a trabalhar juntos, mas nossa conexão vai muito além do profissional. Somos companheiros de jornada, compartilhamos experiências e desafios e tivemos o privilégio de dividir não apenas salas de reunião e salas de aula mas também aventuras pelo mundo. Viajamos juntos para lugares que vão de paraísos tropicais a desertos, às vezes só nós dois, às vezes com amigos e família, sempre com conversas que iam do estratégico ao filosófico, do trabalho à vida. Digo isso porque um dos maiores privilégios que se pode ter na vida é conviver de perto com pessoas incríveis – e acompanhar o Edu ao longo dos anos tem sido exatamente isso. Então é uma baita honra estar colocando essas palavras aqui hoje.

Agora, vamos ao livro. Se você, leitor, deseja empreender – ou já empreende –, encontrará aqui mais que um *roadmap*, ele é recheado de atalhos inteligentes, aqueles pulos do gato inestimáveis que só vêm com a experiência real, com os tropeços e as superações. O Edu não economiza na generosidade ao compartilhar aqui o que aprendeu fazendo e apanhando. Tive o privilégio, como responsável pelo primeiro investimento da Naspers/Prosus na Movile, de assistir de perto aos desafios, às crises e às conquistas desse grupo incrível de empreendedores inquietos que criaram muitas das histórias que você vai ler aqui.

Além dos insights incríveis, o livro é repleto de *calls to action*, exercícios práticos e reflexões que fazem a leitura ser não apenas inspiradora mas também transformadora. E isso é muito a cara do Edu: ele não é só um cara bom, ele faz o bem. Acredito que não basta ter boas intenções, é preciso agir, e, como dizem por aí (e talvez nem precisemos mencionar que vem do estoicismo), ninguém é bom – as pessoas fazem coisas boas. E o Edu é um excelente exemplo disso.

Outro ponto que torna esta obra tão especial é o jeito Edu de contar histórias. Ao longo da leitura, não sentimos que estamos apenas acompanhando sua trajetória – é como bater papo com ele. Quem já teve a oportunidade de conviver com o Edu, seja no trabalho, em reuniões estratégicas ou em uma simples conversa de boteco, sabe que ele tem essa habilidade única de transformar conversas em aprendizados. E o livro reflete exatamente isso.

Acima de tudo, esta não é apenas uma obra sobre negócios. É uma reflexão profunda sobre vida, propósito e impacto. Empreender, no fim das contas, não é só construir empresas – é construir algo que valha a pena. E é aqui que entra a grande essência do livro: o propósito. No Método do Octógono, que o Edu desenvolveu ao longo de sua trajetória, o propósito pessoal está no centro de tudo. Não importa o tamanho de seu negócio, sua experiência ou seus objetivos – sem um propósito claro, tudo o que você construir terá uma base frágil.

Além disso, o Edu destaca algo que deveria ser óbvio, mas que muitas vezes esquecemos: a importância de contribuir, de doar, de se doar. O voluntariado, o impacto social e a generosidade não são apenas boas ações – são, talvez, o maior investimento que podemos fazer em nós mesmos. Encontramos paz de espírito, realização e crescimento pessoal quando ajudamos os outros a crescer.

É necessário ter uma "inquietação empreendedora" para chegar onde queremos? Sim, mas acredito que a maior reflexão que vamos ter neste livro é sobre o significado de sucesso. Existe uma frase[2] bem bacana que diz que o verdadeiro sucesso é quando você se torna amigo de seus heróis: *"True success can be measured by making peers out of your heroes"* ["O verdadeiro sucesso é quando nossos heróis se tornam nossos colegas", em tradução livre]. Lendo este livro, e depois de acompanhar de perto a trajetória do Edu, eu continuo concordando com essa ideia – mas arrisco dizer que sucesso de verdade mesmo é quando seus amigos se transformam em seus heróis.

Ver o Edu ao longo dos anos, aprender com ele e acompanhar sua evolução tem sido um privilégio enorme. E este livro é uma prova de começo

---

2 Ryan Singer, criador da estrutura de gestão de projetos Shape Up, em uma entrevista em 2015.

contínuo de que ele ainda tem muito mais para aprontar. Não faço ideia de quais serão seus próximos projetos, mas tenho certeza de que quero estar por perto, porque coisas incríveis vão sair dessa jornada.

Ele já criou muitas iniciativas transformadoras – e não sei quantas mais "Máquinas do Bem", como a dobradinha "Empower Business School + Karimu Foundation", ele ainda vai construir. Mas sei de uma coisa: este livro é, sem dúvida, uma máquina de Máquinas do Bem.

Se você está com este livro em mãos e se permitir seguir as provocações e os desafios que ele propõe, garanto que vai sair dessa experiência uma pessoa diferente – mais preparada, mais consciente e, com certeza, mais inspirada.

Aproveite a leitura, vai valer muito a pena!

Anderson Thees
CEO da Endeavor Brasil

INTRODUÇÃO
COMO EU QUERIA TER TIDO MAIS GENTE EXPERIENTE AO MEU LADO ME ACONSELHANDO PELOS DESAFIOS DO CAMINHO

Em meus 25 anos de carreira empreendedora e executiva, me peguei pensando muitas vezes nessa frase. Durante momentos de crise, insegurança ou até celebração de pequenas conquistas, percebia o quanto uma conversa rápida com alguém que já tivesse vivido aquilo poderia me economizar meses ou anos de erros e incertezas. Eu sentia um alívio quando ouvia histórias reais de pessoas de sucesso que conseguiam traduzir sua experiência em conselhos práticos. Essas trocas de ideias, muitas vezes simples, tinham o poder de encher minha mente de confiança e renovar minha energia.

No entanto, como muitas pessoas empreendedoras brasileiras, comecei minha trajetória sem esses recursos. Cresci no interior de São Paulo, em uma família de classe média alta que enfrentava o desafio de equilibrar ambições e recursos. Meus pais decidiram investir tudo na construção de uma casa dos sonhos. Durante 13 anos, nossas economias foram destinadas a esse projeto. Graças à visão da minha mãe, que era professora, conseguimos estudar em boas escolas, mas o dinheiro para qualquer luxo era inexistente. Viver em um ambiente de frugalidade me ensinou as primeiras lições sobre criatividade e trabalho.

Meu melhor amigo, Marco Flávio, e eu desenvolvemos uma estratégia simples para curtir as festas da época: comprávamos cerveja no supermercado, enchíamos um isopor e vendíamos na porta da balada até arrecadar o suficiente para entrar. Essas lições de empreendedorismo, aplicadas em algo tão trivial, mostraram que criatividade e esforço podem abrir portas. Entretanto, nada disso me preparou para os desafios reais de gerir um negócio. Minha primeira empresa nasceu quando ainda estava cursando as faculdades de Publicidade (na Escola Superior de Propaganda e Marketing – ESPM, em São Paulo) e de Ciência da Computação (na Unicamp, em Campinas). Eu vivia resolvendo o problema imediato: prospectar clientes, entregar projetos e atender demandas antigas. Planejamento estratégico? Isso parecia um luxo distante, e eu nem sabia do que se tratava. O ciclo era desgastante: "vendíamos o almoço para pagar a janta". Essa situação, que vejo refletida em tantos empreendedores brasileiros, ressalta dois problemas principais:

1. Falta de acesso a uma formação sólida que aumente as chances de os negócios prosperarem: Seja por questões financeiras, seja pela urgência do dia a dia, muitos empreendedores não conseguem se preparar para os desafios de gestão e liderança.

2. Altas taxas de mortalidade empresarial: Segundo o Serviço Brasileiro de Apoio às Micro e Pequenas Empresas (Sebrae),[3] a ausência de planejamento e estrutura leva muitas empresas a encerrar as atividades antes de completarem dois anos.

Desse modo, o primeiro problema é um dos grandes causadores do segundo. Além desses dois pontos, vejo uma terceira consequência alarmante se formando: uma crise de saúde mental entre empreendedores e empreendedoras. Ansiedade, solidão, depressão e medo do fracasso são sentimentos comuns. Mesmo aqueles que conseguem atingir algum sucesso financeiro muitas vezes relatam uma falta de propósito e um vazio pessoal. Esses problemas não são exclusividade do Brasil, mas aqui eles se agravam por questões culturais, econômicas e sociais.

O Brasil é um país de extremos: ao mesmo tempo que temos cerca de 14,6 milhões de microempreendedores individuais (MEIs), segundo o Instituto Brasileiro de Geografia e Estatística (IBGE),[4] nossas instituições

---

3 SERVIÇO BRASILEIRO DE APOIO ÀS MICRO E PEQUENAS EMPRESAS (SEBRAE). **Fatores condicionantes e taxas de sobrevivência e mortalidade das micro e pequenas empresas no Brasil:** 2003-2005. Brasília, DF: Sebrae, 2007. Disponível em: https://bibliotecas.sebrae.com.br/chronus/ARQUIVOS_CHRONUS/bds/bds.nsf/8F5BDE-79736CB99483257447006CBAD3/%24File/NT00037936.pdf. Acesso em: 4 abr. 2025.

4 BRITTO, V. Em 2022, Brasil tinha 14,6 milhões de microempreendedores individuais. **Agência IBGE Notícias,** 2 dez. 2024. Disponível em: https://agenciadenoticias.ibge.gov.br/agencia-noticias/2012-agencia-de-noticias/noticias/41046-em-2022-brasil-tinha-14-6-milhoes-de-microempreendedores-individuais. Acesso em: 4 abr. 2025.

educacionais falham em fornecer o preparo necessário para que eles prosperem. De acordo com o Censo da Educação Superior 2023,[5] divulgado pelo Instituto Nacional de Estudos e Pesquisas Educacionais Anísio Teixeira (Inep), a área de Negócios, Administração e Direito registrou 2,65 milhões de matrículas no ensino superior brasileiro. Aqui, o censo agrupa essas modalidades no mesmo número. No estudo do Inep de 2019,[6] 645.777 alunos estavam matriculados em cursos de Administração de empresas, ao passo que o Direito registrava 831.350. Fazendo uso da proporção entre essas cadeiras em 2019, podemos inferir, usando uma proporção aproximada, que em 2023 teríamos algo como 1,16 milhão de pessoas matriculadas em Administração e Negócios, 7,9% do total de empreendedores individuais no Brasil. Esses dados mostram que a enorme maioria tem zero acesso a conhecimento acadêmico para desempenhar bem seu trabalho como gestor. E até mesmo quem tem essa oportunidade de estudar ainda enfrenta um abismo de conhecimento entre o que aprendem nessas instituições e o que realmente precisam aplicar em um ambiente altamente dinâmico, hostil e competitivo.

Esse cenário gera um ciclo vicioso. Para tentar sobreviver, muitos se voltam para os chamados "empreendedores de palco": figuras carismáticas que vendem soluções fáceis e promessas de sucesso rápido. Infelizmente, grande parte dessas ofertas são superficiais e carecem de experiência prática. É um jogo perigoso, que muitas vezes prejudica mais do que ajuda.

Existe, porém, uma luz no fim desse túnel assustador, e ela começa com a experiência compartilhada.

Estamos começando a ver uma geração de empreendedores e empreendedoras do Brasil que venceu essas adversidades e está disposta a dividir seus aprendizados. Histórias reais, dicas práticas e modelos mentais começam

---

5. MEC E INEP divulgam resultado do Censo Superior 2023. **Inep**, 3 out. 2024. Disponível em: www.gov.br/inep/pt-br/assuntos/noticias/censo-da-educacao-superior/mec-e-inep -divulgam-resultado-do-censo-superior-2023. Acesso em: 4 abr. 2025.

6. INSTITUTO NACIONAL DE ESTUDOS E PESQUISAS EDUCACIONAIS ANÍSIO TEIXEIRA (INEP). **Resumo técnico do Censo da Educação Superior 2019**. Brasília, DF: Inep, 2021. Disponível em: https://download.inep.gov.br/publicacoes/institucionais/ estatisticas_e_indicadores/resumo_tecnico_censo_da_educacao_superior_2019.pdf. Acesso em: 4 abr. 2025.

a ganhar espaço. Além dessas nossas inspirações locais, o exemplo de grandes líderes globais, como Bill Gates e Warren Buffett, agregam muito e nos mostram o poder transformador de alinhar sucesso financeiro a um propósito maior: a filantropia.

Minha trajetória pessoal também é prova desse longo ciclo. Quebrei minhas duas primeiras empresas, enfrentei golpes e roubo de equipamentos e acumulei dívidas equivalentes a mais de 3,6 milhões de reais no dinheiro de hoje. No entanto, consegui me reerguer e, com sócios brilhantes, construímos a Movile, um dos maiores casos de sucesso empresarial da América Latina. Criamos e ajudamos negócios como iFood, Sympla, Zoop, Wavy e Afterverse (do game PK XD) a crescerem, enfrentando desafios como a crise global de 2008 e as incertezas econômicas da pandemia. Com essa história que parece uma montanha-russa, cheia de altos e baixos, tenho a convicção de que consigo compartilhar conhecimentos e experiências relevantes que podem fazer a diferença para criar uma geração de líderes mais eficientes, e também mais humanos. Tive o privilégio de ser um dos protagonistas da criação de um negócio que hoje vale mais de 5 bilhões de dólares, e tenho certeza de que os comportamentos, as técnicas, a cultura, os erros e os acertos podem ser passados para mais gente.

Este livro, porém, não é só sobre sucesso empresarial. É sobre significado.

Lembro perfeitamente algumas frases que ouvi que explicam essa minha constatação em sua essência. Ouvi muito empreendedor próximo a mim dizendo: "O meu sonho é ser um bilionário!". Em outras conversas com o Fabricio Bloisi (que foi um dos meus sócios na fundação da Movile, CEO do iFood por cinco anos e atual CEO da Prosus), o empreendedor mais genial e inspirador com quem tive a oportunidade de trabalhar, ele cravou que o propósito da nossa empresa era "melhorar a vida de 1 bilhão de pessoas com nossas tecnologias". Vocês entendem a diferença fundamental das duas frases que falam em "bilhões", né? O primeiro pode até ter ganhado algum dinheiro, mas o verdadeiro caso de sucesso e com maior impacto foi o que tinha um propósito maior.

Todas as vezes que sócios, executivos ou líderes que passaram pela história da Movile priorizavam interesses pessoais em vez de criarmos uma empresa grande com enorme impacto, essas pessoas acabaram ficando pelo caminho. Resultados financeiros são um combustível fundamental no sucesso das organizações (vamos falar disso mais adiante), mas, após vinte e cinco anos de altos e baixos, percebi que as conquistas profissionais só fazem sentido quando conectadas a um propósito maior. Dinheiro traz felicidade, sim, se você souber como fazer uso dele.

Após tanto tempo de carreira, em um período de profunda reflexão percorrendo os mais de 700 quilômetros do Caminho de Santiago de Compostela a pé, durante 28 dias ininterruptos, senti uma inspiração grande em devolver à sociedade todos os presentes, dons, aprendizados e privilégios que eu acumulei no caminho. Eu me dei conta de que a maior riqueza que consegui juntar foram as histórias da minha jornada, e esse tesouro não poderia ficar guardado em um cofre. Ele precisa estar disponível para que outros aventureiros possam ter sucesso em suas caminhadas, principalmente essa vontade de impactar positivamente.

Depois desse chamado da "Força Maior", mergulhei no mundo da filantropia e descobri que investir ainda mais energia em ajudar os outros traz uma satisfação que o dinheiro e o status não conseguem oferecer. Não se preocupe, porque tudo tem seu tempo; não estou propondo que você pare tudo o que está fazendo e direcione uma parte relevante do que você ganha para causas sociais. Desejo que você exercite a generosidade ao longo de sua jornada, com disciplina, usufruindo da satisfação que vai crescer dentro de você. Em minha própria história, comecei a praticar isso com iniciativas pequenas, isoladas. Depois que a empresa já estava mais estruturada, alguns sócios criaram e investiram na Fundação 1 Bi,[7] desenvolvendo ferramentas gratuitas para professores da rede pública. Aos poucos, mais investimentos foram tomando corpo e causando mais impacto, ao passo que a boa gestão aumentava cada vez mais a saúde dos negócios.

Minha proposta com este livro é simples: fazer você ganhar tempo e energia. Quero compartilhar as técnicas de gestão, liderança e inovação que aprendi, não apenas para economizar seus minutos e esforço, mas para ajudá-lo a evitar armadilhas comuns. Além disso, desejo ajudar você a entender por que sua empresa existe, por que você trabalha tanto e como fazer

---

7 FUNDAÇÃO 1 BI. Disponível em: www.fundacao1bi.com.br/. Acesso em: 4 abr. 2025.

essa jornada muito mais inspiradora. Com esse fim, estruturei este livro para ser uma viagem seguindo este roteiro:

- Iniciamos compartilhando nosso cenário atual, com nossos desafios, problemas, crises, medos, desejos.
- Passamos por uma transformação para expandir a mentalidade do empreendedor, desafiando crenças limitantes e expandindo a visão de possibilidades.
- Entramos no mundo das ferramentas práticas de gestão, inovação, cultura e liderança, adaptadas para diferentes estágios de sua empresa.
- Finalizamos com estratégias para alinhar vida pessoal e profissional, ajudando você a encontrar equilíbrio e propósito.

Não espere receitas prontas ou soluções mágicas. Este é um livro embasado em prática, experiência e, principalmente, humanidade. Você vai encontrar ferramentas importantes que me ajudaram a construir minha história de sucesso, mas não adianta somente copiar tudo o que eu falar. É preciso entender, acreditar, aplicar, adaptar e polir.

O empreendedorismo é mais do que uma ferramenta de geração de riqueza; é uma força transformadora. Quando bem-sucedidos, empreendedores têm o poder de resolver problemas sociais, inspirar mudanças e criar um impacto duradouro. E acredito que você, leitor, tem o potencial de ser essa força, e isso está conectado com nossa "Força Maior". Ao seguir para a próxima página, você embarcará em uma jornada de aprendizado, transformação e inspiração. Desejo que sua inquietude empreendedora seja o combustível para essa viagem fantástica! Está na hora de ir além do sucesso e encontrar o significado que fará sua trajetória valer a pena.

CAPÍTULO 1
A AGONIA E A INQUIETAÇÃO DE UMA JORNADA SOLITÁRIA

Para muitas pessoas, empreender é um sonho que carrega a promessa de liberdade, autonomia e realização pessoal. Inclusive, algumas pessoas têm a ilusão de que o cotidiano de um empreendedor gira em torno de uma vida glamourosa, cheia de riquezas materiais, tempo de qualidade com a família e os amigos, viagens por cidades e países interessantes. É fácil encontrar nas redes sociais perfis que mostram essa vida dos sonhos. Mas, para muitos, essa promessa é rapidamente substituída por um pesado fardo: isolamento, incerteza e uma pressão constante que desafia não apenas suas habilidades profissionais mas também sua saúde mental, emocional e física. A realidade da pessoa empreendedora é especialmente desafiadora, agravada por um ambiente econômico instável, lacunas educacionais e uma sociedade que com frequência celebra o sucesso sem reconhecer os sacrifícios necessários para alcançá-lo.

Os números por trás dessa jornada são reveladores. De acordo com o maior estudo já feito sobre empreendedorismo no mundo, o Brasil é a décima maior nação empreendedora do planeta, com cerca de 90 milhões de pessoas envolvidas em atividades empreendedoras.[8] Esse trabalho[9] foi o Monitor Global de Empreendedorismo (Global Entrepreneurship Monitor – GEM) em 2023, conduzido pelo Sebrae em parceria com a Associação Nacional de Estudos em Empreendedorismo e Gestão de Pequenas Empresas (Anegepe). Segundo o levantamento, dos 90 milhões de indivíduos analisados, 42 milhões são adultos entre 18 e 64 anos que já têm um negócio ou tomaram medidas ao longo do ano para iniciar um empreendimento

---

8 UM PAÍS de 90 milhões de empreendedores. **Agência Sebrae**, 12 abr. 2024. Disponível em: https://agenciasebrae.com.br/dados/um-pais-de-90-milhoes-de-empreendedores/. Acesso em: 4 abr. 2025.

9 GLOBAL ENTREPRENEURSHIP MONITOR (GEM). **Global Entrepreneurship Monitor 2024/2025 Global Report:** Entrepreneurship Reality Check. Londres: GEM, 2025. Disponível em: www.gemconsortium.org/reports/latest-global-report. Acesso em: 4 abr. 2025.

no futuro. Os outros 48 milhões representam pessoas que ainda não têm um negócio, mas demonstram interesse em empreender nos próximos três anos. Conforme outro estudo[10] publicado pelo Sebrae, mais de 15,7 milhões de MEIs estão registrados no Brasil, representando 18,8% do total de ocupados formais.

Vemos aqui que o empreendedorismo é uma poderosa força motriz da economia do país, com cerca de 19% da população nacional já atuando com empreendedorismo, e outros 48 milhões querendo empreender. No entanto, enquanto a quantidade de empreendedores e empreendedoras cresce, a taxa de sobrevivência das empresas ainda é alarmantemente baixa: cerca de 30% das micro e pequenas empresas fecham as portas antes de completar dois anos de operação.

A mortalidade varia significativamente entre setores e categorias empresariais. Os MEIs enfrentam a maior taxa de mortalidade, com 29% encerrando atividades após cinco anos, ao passo que as pequenas empresas apresentam desempenho um pouco melhor, com taxas de 17%. Por setores, o comércio sofre a maior taxa de fechamento (30,2%), seguido pela indústria de transformação (27,3%) e serviços (26,6%). Setores como indústria extrativa e agropecuária apresentam as menores taxas de mortalidade, respectivamente 14,3% e 18%, destacando a influência do ambiente setorial sobre as chances de sucesso dos negócios. Isso reflete não apenas os desafios de mercado (como construir um produto ou serviço que resolva problemas dos clientes, escalar vendas, montar times, organizar processos etc.) mas também a falta de suporte e preparação que muitos enfrentam.

Já que falamos da mortalidade das empresas, não podemos deixar de comentar sobre como rotulamos um empreendedor fracassado em nossa cultura. O fracasso no Brasil é frequentemente visto como um estigma, um símbolo de incapacidade ou incompetência. Diferentemente de outras culturas que conheci – como o ambiente do Vale do Silício, nos Estados Unidos, onde vivi por quase seis anos –, o fracasso é encarado como uma

---

10 A TAXA de sobrevivência das empresas no Brasil. **Sebrae**, 23 mar. 2023. Disponível em: https://sebrae.com.br/sites/PortalSebrae/artigos/a-taxa-de-sobrevivencia-das-empresas-no-brasil%2Cd5147a3a415f5810VgnVCM1000001b00320aRCRD. Acesso em: 4 abr. 2025.

etapa natural no caminho para o aprendizado e a inovação. No Brasil, entretanto, ele é motivo de vergonha e desmotivação, pois a falência de uma empresa pode marcar de maneira negativa a reputação de um empreendedor, dificultando seu acesso a investidores, crédito e até a novas oportunidades no mercado. Com muito mais frequência do que nos Estados Unidos, empreendedores brasileiros acabam investindo o próprio patrimônio em um empreendimento e sujando seu nome com as dívidas. Em mercados onde o investimento em startups é mais maduro, o acesso a capital é mais abundante; consequentemente, menos empreendedores apostam todas as economias pessoais nos projetos.

Essa mentalidade desencoraja empreendedores a assumirem riscos e a inovarem – ações essenciais para o desenvolvimento de novos negócios e soluções. Isso também acaba prejudicando o avanço econômico do país, uma vez que a inovação é um motor fundamental para a competitividade em mercados globais.

Se os números de mortalidade das empresas e a falta de apoio educacional são desanimadores, mais alarmante ainda é o impacto dessa realidade na saúde mental. Estudos da Endeavor,[11] entidade que apoia o empreendedorismo globalmente, mostram que 70% dos empreendedores relatam problemas como ansiedade, depressão e síndrome de burnout. A pressão para atingir resultados, combinada com a necessidade de liderar equipes e inovar constantemente, cria um ambiente onde o fracasso parece sempre estar à espreita. É aquele fantasma que fica rondando seu inconsciente, mas que, para manter as aparências, temos de controlá-lo. Não podemos esquecer que a maioria dos empreendedores estão inseridos em um contexto de uma empresa pequena, muitas vezes com apenas uma pessoa envolvida: o próprio empreendedor. Nesse caso, as pressões não são menos intensas, uma vez que o resultado da empresa em termos de receita e lucratividade afeta de modo direto o sustento da família por trás dessa pessoa. O estresse definitivamente não é pequeno.

---

11 ENDEAVOR. Saúde e performance e pessoas empreendedoras. São Paulo: Endeavor, c2025. Disponível em: https://endeavor.org.br/estudos/jornada-empreendedora/saude-performance-de-pessoas-empreendedoras/. Acesso em: 4 abr. 2025.

As consequências disso vão além do aspecto profissional; ele atinge a vida pessoal, emocional e espiritual dos empreendedores e das empreendedoras. Empreender não é apenas uma jornada de crescimento financeiro, é também uma luta para manter o equilíbrio entre vida pessoal e trabalho, lutar contra o estresse e tentar encontrar propósito em meio ao caos. Acabamos não priorizando, por motivos de sobrevivência, o que é realmente importante em nossa vida pessoal e profissional. Buscamos atalhos que na teoria são fáceis de serem implementados, mas que no fundo terão pouco impacto positivo em nossos objetivos de longo prazo.

Muitos carregam o peso de provar seu valor – para as famílias, para a sociedade e para si mesmos. A pressão para superar as gerações anteriores, sobretudo em uma sociedade marcada por desigualdades, cria um ciclo de exaustão emocional. Lembro-me de histórias de alguns colegas que empreendem: cresceram em lares onde os pais eram ausentes ou rígidos, mas hoje se esforçam para construir legados que seus filhos possam admirar.

Essa crise de saúde mental não pode ser ignorada. Há uma necessidade urgente de soluções que abordem não apenas os aspectos técnicos do empreendedorismo mas também o bem-estar pessoal.

A CULTURA DA NOSSA SOCIEDADE

Infelizmente, vivemos uma época em que as aparências que construímos nas redes sociais são mais importantes do que o conteúdo real de nossas vidas. Acredito que isso já existia antes do surgimento dessas aplicações, mas com o advento da internet isso se potencializou. O Brasil é um dos países em que as pessoas gastam mais tempo nas redes sociais. Segundo um estudo[12] da Meltwater de fevereiro de 2025, brasileiros com mais de 16 anos passam em média três horas e trinta e dois minutos por dia em redes sociais; o Brasil é o quinto colocado no ranking mundial desse quesito.

Essa legião de usuários publica coisas maravilhosas em seus perfis – e escondem a realidade dos problemas. Nos perfis digitais, as pessoas normalmente vivem de uma aparência que nem sempre é a realidade de suas vidas.

---

12 MELTWATER. **2025 Global Digital Report.** Denver: Meltwater, 2025. Disponível em: www.meltwater.com/en/global-digital-trends. Acesso em: 4 abr. 2025.

Acredito também que isso se reflita no dia a dia da vida empreendedora – as pessoas gostam de falar publicamente sobre seus sucessos, mas não discutem bem seus fracassos. Para mim, esse mundo de aparências também afasta dos empreendedores conversas brutalmente honestas e diretas sobre seus negócios. Por outro lado, ao estudar diferenças culturais entre países – recomendo a leitura do livro O *mapa cultural*, de Erin Meyer[13] –, vemos que conversas difíceis, nas quais os problemas e defeitos dos negócios são apresentados diretamente e de maneira construtiva, não fazem parte do cotidiano no Brasil.

Em algumas culturas, é comum que as pessoas se comuniquem de maneira indireta, utilizando pistas contextuais, gestos e linguagem corporal para transmitir mensagens, como é o caso do Brasil. Isso significa que nem sempre as pessoas dizem diretamente o que pensam, sobretudo em situações delicadas. Comparado a culturas mais "diretas" como a dos Estados Unidos, em que a clareza é essencial, o Brasil valoriza o tato e a diplomacia. Assim, entender o "não dito" é muitas vezes tão importante quanto compreender o que é falado. Meyer observa que os brasileiros também têm uma abordagem mais indireta para feedback negativo, principalmente quando se trata de críticas a colegas ou subordinados. É importante ser cuidadoso ao dar feedback, para evitar constrangimentos. Isso é diferente de culturas como a alemã ou a holandesa, nas quais críticas diretas são vistas como mais eficientes e bem recebidas.

Pessoas que normalmente são diretas em seus feedbacks (termo usado para se referir à opinião sobre algo na empresa ou na atuação do profissional de outra pessoa) muitas vezes são taxadas de brutas, ranzinzas, agressivas demais em nosso contexto. Nós, brasileiros, temos uma fortíssima ênfase nas relações sociais e colocamos uma importância alta no relacionamento na hora de fazer negócios. Quando alguém chega criticando nossos negócios, mesmo com boa intenção e de maneira adequada, muita gente que empreende acha ruim e se afasta dessas críticas ao invés de usá-las como fonte de aprendizado e melhoria.

Além disso, faltam mentores experientes que mostrem construtivamente onde essas pessoas estão errando e, sobretudo, como corrigir a rota

---

13 MEYER, E. **The Culture Map.** Nova York: PublicAffairs, 2016.

de modo objetivo para evitar desastres anunciados, levando em consideração os aspectos culturais. Existem técnicas para um líder dar um feedback para os liderados, assim como para o mentor aconselhar o mentorado. Vejo, porém, muita gente dando pitaco nos negócios sem uma base construtiva e sem experiência para isso, o que na maioria das vezes causa um problema ainda maior.

É fundamental reconhecer que os desafios enfrentados pelas empreendedoras e empreendedores brasileiros são multifacetados e complexos, envolvendo desde questões culturais até a ausência de suporte adequado. O que leva tantos empreendedores ao isolamento, à sobrecarga e ao desgaste emocional? Quais fatores sociais, econômicos e individuais criam as condições para essa realidade desafiadora?

A partir de agora, mergulharemos mais fundo nas causas desses problemas, analisando o que está por trás do estresse e da insegurança que tantos líderes enfrentam. Vamos explorar como a falta de preparo, as pressões culturais e a ausência de apoio prático contribuem para uma jornada empreendedora muitas vezes mais solitária e difícil do que deveria ser. Além disso, investigaremos as raízes das taxas de mortalidade empresarial, a estigmatização do fracasso e as barreiras à inovação que limitam o potencial de tantas iniciativas no Brasil. Ao avançar, você não apenas entenderá as origens desses desafios mas também começará a vislumbrar caminhos para superá-los. Este é o primeiro passo para transformar problemas aparentemente intransponíveis em oportunidades de crescimento e transformação. Então, prepare-se: vamos decifrar as causas desses obstáculos e abrir espaço para soluções práticas e inspiradoras.

CAPÍTULO 2
POR QUE NÃO CONSIGO DAR CONTA DE TUDO?

"**Eu me sinto esgotado e sem direção.**"

"O empreendedorismo é muito solitário."

"Tenho medo de falhar e me sinto pressionado de todos os lados."

"De um lado, as expectativas do mercado e dos investidores; do outro, a responsabilidade sobre os funcionários e o futuro do negócio."

"Tenho muita dificuldade em lidar com os desafios do empreendedorismo e não tenho com quem dividir essas angústias, mas preciso ser forte e resiliente para manter meu negócio em pé."

"Eu tiro meu sustento do meu trabalho em minha empresa individual; se as coisas piorarem, não vou ter como pagar o aluguel e vai faltar dinheiro para o mercado."

Essas são algumas frases que ouvi de empreendedores com quem tive contato tentando orientá-los na missão de empreender. Como mais um exemplo, trago também este relato[14] do meu amigo Fabiano Cruz, empreendedor e ex-CEO da Zoop:

> **O verdadeiro custo de construir uma startup**
>
> Como fundador, enfrentei sacrifícios que nunca imaginei:
> Perdi amigos.
> Faltei a casamentos.
> Perdi muitos momentos em família.
> Fiquei 2 anos e meio sem salário.
> Testemunhei o suicídio de um jovem colaborador.
> Deixei de ir a incontáveis viagens com os amigos.

---

14 CRUZ, F. **O verdadeiro custo de construir uma startup**. 2024. LinkedIn: fabianocruz. Disponível em: www.linkedin.com/posts/fabianocruz_startups-empreendedorismo-founder activity-7253783272965496832-bueM/?originalSubdomain=pt. Acesso em: 4 abr. 2025.

Perdi um grande amigo e colaborador durante a Covid-19.

Senti o peso nos ombros de um colaborador em home care. E se eu quebrar?

E mudei drasticamente meu estilo de vida, pra pior.

-💡- Para os fundadores: Preparem-se para serem humilhados e sofrer de maneiras que vocês nem imaginam.

Não quero que desistam. Mas deixar um emprego com salário fixo para perseguir o sonho de uma startup muda tudo. Você vai perder viagens, jantares e eventos sociais. Às vezes, até um simples jantar com amigos vai ficar fora do seu alcance.

Talvez você precise vender seu carro, dormir de favor na casa de um amigo e ver conhecidos se afastando, sem entender sua obsessão com a ideia. Nos eventos, você vai encarar a temida pergunta: "O que você faz?" – e explicar sua visão, sem muito progresso para mostrar, pode ser um golpe duro no ego.

🕐 Vai levar 10 vezes mais tempo do que você imagina.

Alguns membros da equipe vão perder a paixão, culpá-lo e ir embora. Mas também, você vai conhecer pessoas incríveis que acreditam em você e no seu projeto, e que vão mantê-lo motivado quando você pensar em desistir.

E aí vem um ponto de virada.

De repente, você enxerga uma luz no fim do túnel, e os sacrifícios começam a fazer sentido. Pode ser o momento mais orgulhoso da sua vida – aquele em que você superou os maiores desafios.

Agora, há quase 12 anos nessa jornada, se aprendi uma coisa é esta: É um jogo de não desistir. É um jogo mental.

👉 Abrace o processo, não apenas o destino. A jornada não é só sobre construir um produto que as pessoas amam – é sobre as pessoas incríveis que você encontra pelo caminho.

Você já se sentiu assim? As causas que prendem as pessoas empreendedoras aos problemas de isolamento, sobrecarga e desafios de saúde mental no empreendedorismo são inúmeras e diversas, envolvendo questões internas, estruturais e sociais. A seguir, vamos conversar sobre algumas delas.

PRESSÃO CONSTANTE E EXPECTATIVAS IRREAIS

O ambiente empreendedor é carregado de expectativas, tanto externas quanto internas. A pressão para alcançar metas financeiras, expandir o negócio rapidamente e entregar resultados para investidores cria um cenário de estresse contínuo. De acordo com várias matérias[15] veiculadas pela mídia citando a Associação Brasileira de Startups, 70% das startups fecham antes de 20 meses de funcionamento. Esse dado reforça a necessidade de resultados imediatos, alimentando o ciclo de estresse e insegurança, visto que muitos empreendedores têm medo de fracassar e não corresponder às expectativas. Eu também acredito que os empreendedores se espelham em ídolos distantes demais de sua realidade. Estudar tudo sobre a vida de Bill Gates, Steve Jobs, Mark Zuckerberg, Elon Musk e sair tentando copiar o que eles fizeram não vai levar você ao sucesso. Para começar, quase todos largaram os estudos para empreender, só que provavelmente todos são autodidatas, pessoas que conseguem absorver conhecimento e aprender sozinhas em um nível absurdo, longe da média das pessoas. Seguir o exemplo deles em buscar conhecimento nos livros é ótimo, mas largar os estudos se você pode investir energia nisso não me parece um bom conselho. Mais uma vez vou citar os exemplos que vemos nas redes sociais: empreendedores alugam jatos, carros, casas de luxo para postar nas redes sociais e esbanjar sucesso. Muitas dessas carreiras são castelos de cartas, feitos com pouquíssima consistência, propósito e solidez.

FALTA DE PLANEJAMENTO E ESTRUTURAÇÃO

A falta de conhecimento adequado sobre planejamento e estruturação do negócio é outra causa fundamental que prende os empreendedores a esse problema. A realidade do Brasil é brutal em questão de acesso a conteúdo de qualidade que realmente faz a diferença. Normalmente esse acesso é

---

15 GONÇALVES, J. Como driblar as maiores ciladas na hora de escalar startups. **Exame**, 6 jun. 2023. Disponível em: https://exame.com/bussola/como-driblar-as-maiores-ciladas-na-hora-de-escalar-startups/. Acesso em: 4 abr. 2025; CERCA de 50% das startups brasileiras não geram resultados. **G1 – Paraná RPC**, 30 jun. 2022. Disponível em: https://g1.globo.com/pr/parana/especial-publicitario/sebrae-parana/juntos-para-empreender/noticia/2022/06/30/cerca-de-50percent-das-startups-brasileiras-nao-geram-resultados.ghtml. Acesso em: 4 abr. 2025.

restrito e caro. Dados do Sebrae do Paraná[16] indicam que muitas empresas não fazem nenhum tipo de planejamento ou realizam apenas planejamentos de curto prazo, com duração máxima de seis meses. Além disso, 59% dos empreendedores das empresas que fecharam em 2020 relataram falta de preparo e iniciativas de capacitação, o que os deixa sem ferramentas para tomar decisões estratégicas e lidar com os desafios diários. A enorme maioria dos empreendedores não teve a oportunidade de cursar um Master of Business Administration (MBA) ou faculdades de Administração e Gestão que dessem uma base teórica para suas atividades – e eles não têm tempo e, muitas vezes, nem dinheiro para isso, o que cria um sistema perverso que faz muitas vítimas. Cabe aqui uma menção honrosa ao bom trabalho que o Sebrae faz, principalmente com os pequenos empreendedores. O Empretec,[17] programa a que tive acesso no início da minha carreira quando ainda estava na Ciatec, incubadora de empresas da prefeitura de Campinas, passou conceitos importantes quando eu comecei minha jornada.

ISOLAMENTO E SOLIDÃO

A jornada empreendedora costuma ser solitária. Muitos empreendedores não têm com quem compartilhar suas dúvidas, angústias e medos. A Endeavor[18] revelou que 69,5% dos empreendedores se sentem solitários ao longo de sua jornada. Isso se agrava pela crença de que os líderes precisam ser fortes e resilientes o tempo todo, o que os impede de buscar ajuda e suporte.

EXPECTATIVAS PESSOAIS E MEDO DE VULNERABILIDADE

Muitos empreendedores se sentem pressionados a manter uma imagem de sucesso e controle, evitando demonstrar fragilidades ou dúvidas. Nossa sociedade parece determinar que sempre devemos aparentar ser Super-Homens e

---

16 VIANA, F. A falta de planejamento é um dos vilões da mortalidade das empresas no Brasil. **Comunidade Sebrae**, 23 mar. 2022. Disponível em: www.sebraepr.com.br/comunidade /artigo/a-falta-de-planejamento-e-um-dos-viloes-da-mortalidade-das-empresas-no-brasil. Acesso em: 9 abr. 2025.

17 O QUE é o Empretec? **Sebrae**, c2021. Disponível em: sebrae.com.br/sites/PortalSebrae/ empretec. Acesso em: 9 abr. 2025.

18 ENDEAVOR. *op. cit.*

Mulheres-Maravilha, o que muitas vezes nos impede de buscar apoio ou admitir nossas limitações, algo fundamental para encontrar soluções. Empreendedores costumam evitar falar sobre seus problemas, mesmo quando a saúde mental está comprometida. Isso contribui para um ciclo de estresse não resolvido, que só se acumula.

MODELO DE NEGÓCIO E PRESSÃO POR CRESCIMENTO RÁPIDO

Muitas startups enfrentam dificuldades porque, além de lidarem com problemas de saúde mental, não têm um modelo de negócio sólido e sustentável. Estudos da Associação Brasileira de Startups[19] mostram que apenas 3,4% das startups faturam mais de 500 mil reais por ano. A pressão por crescimento e a falta de um modelo viável geram um cenário de incertezas, agravando o estado emocional dos empreendedores.

AUSÊNCIA DE PROPÓSITO

Muitos empreendedores, embora bem-sucedidos financeiramente, podem sentir falta de um propósito maior em suas vidas. A busca incessante por crescimento financeiro pode se tornar vazia quando não está alinhada a um propósito que vá além dos resultados econômicos. Esse vazio aumenta a insatisfação e a angústia pessoal, levando muitos a questionarem o significado de suas ações, e isso contribui para uma piora na saúde mental.

CICLO DE AUTOEXIGÊNCIA E COMPARAÇÃO SOCIAL

As redes sociais e o ambiente hiperconectado amplificam a comparação social, criando uma sensação de FOMO (*Fear of Missing Out*)[20] e de que todos os outros estão sempre mais bem-sucedidos. Isso leva ao aumento da ansiedade e da insatisfação, como mostrado nos dados de uma pesquisa da

---

19 ASSOCIAÇÃO BRASILEIRA DE STARTUPS (ABSTARTUPS). **Mapeamento do ecossistema brasileiro de startups 2024**. São Paulo: Abstartups, 2024. Disponível em: https://abstartups.com.br/wp-content/uploads/2024/11/Mapeamento-do-Ecossistema-Brasileiro-de-Startups-2024.pdf . Acesso em: 9 abr. 2025.

20 Esta expressão se refere ao medo que uma pessoa pode sentir de não estar atualizada, estar perdendo algo.

Endeavor,[21] na qual 94,1% dos empreendedores brasileiros relataram ter vivido pelo menos uma condição adversa ao longo da jornada, sendo a ansiedade a mais frequente (85,6%); 77,1% tiveram pelo menos duas condições; e 38,1%, pelo menos três condições. Essa constante comparação faz com que o empreendedor nunca se sinta à altura e esteja sempre perseguindo algo inatingível.

FALTA DE APOIO PROFISSIONAL E CAPACITAÇÃO ADEQUADA

Ainda de acordo com o mesmo estudo[22] do Sebrae que mencionei antes, as empresas que se mantêm no mercado são aquelas que se capacitam e se adaptam às mudanças, ressaltando-se os mais de cem cursos gratuitos oferecidos por eles para esse público. No entanto, mesmo com esse tipo de esforço, a falta de acesso a esse tipo de capacitação ainda é uma barreira que impede muitos empreendedores de prosperar. Muitos não têm acesso a essas informações, a mentores ou a redes de apoio que os ajudem a atravessar os momentos difíceis e a tomar decisões mais claras e fundamentadas.

CRISES: UMA ROTINA NADA SAUDÁVEL

Lembro-me de quando enfrentei minha primeira grande crise como empreendedor, em dezembro de 1999. O mundo da tecnologia estava à beira de um possível colapso com o temido "Bug do Milênio". Enquanto grandes corporações redirecionavam seus recursos para corrigir sistemas, os pequenos negócios, como o meu, ficavam em segundo plano. Foi a primeira vez que precisei recorrer ao cheque especial da empresa para pagar os salários. Essa experiência foi um prenúncio do que viria a seguir: crises econômicas, recessões e o peso constante de decisões críticas. A rotina do "vender o almoço pra comer a janta" estabelecia fortemente sua base – e, de fato, a maioria dos empreendedores sofre para conseguir fazer com que seu faturamento pague as contas.

Eu cresci em uma família que me ensinou a importância de nunca gastar mais do que ganhamos. Nunca vi meus pais devendo dinheiro e, que eu me lembre, raríssimas vezes eles entraram no famoso "cheque especial". A prioridade era cortar despesa para que isso nunca fosse necessário. Para

---

21 ENDEAVOR. *op. cit.*

22 A TAXA. *op. cit.*

quem viveu esse contexto, parece um conceito simples, porém essa não é a realidade de muita gente. A funcionalidade implantada pelos bancos de um dinheiro facilmente disponível ao alcance de um clique mergulha uma parte enorme da população, e também dos empreendedores, no redemoinho de juros exorbitantes. Sem perceber, muitos empresários acabam entrando nessa armadilha em vez de tomar decisões difíceis de cortar planos e projetos e, no fim, trabalham para pagar os juros das dívidas que contraíram. Para se ter uma ideia do alcance desse problema, de acordo com uma pesquisa[23] realizada pela fintech Nexoos e publicada pelo *Valor Investe*, 78% das empresas com faturamento entre 100 mil e 500 milhões de reais utilizaram o cheque especial uma ou mais vezes nos 18 meses anteriores à pesquisa.

Não podemos esquecer dos empreendedores que simplesmente acabam se endividando para dar o básico para suas famílias, como material escolar, comida, moradia e saúde, e não conseguem sair dessa espiral negativa. Muitas dessas situações acontecem quando condições macroeconômicas e políticas pioram a situação, fato corriqueiro na realidade brasileira, na qual as instabilidades políticas e econômicas prejudicam os empresários. Isso alimenta um sentimento de abandono e uma percepção de que o sucesso só pode ser alcançado apesar, e não por causa, das condições externas.

Voltando ao tema das crises, elas não pararam no início da minha carreira. Em 2002, vi o mercado brasileiro entrar em pânico diante da possibilidade de uma mudança radical na presidência do país. Em 2008, o colapso do mercado imobiliário estadunidense sacudiu o mundo inteiro, afetando até os negócios mais robustos. E mais recentemente, a pandemia de covid-19 revelou tanto oportunidades quanto vulnerabilidades no mercado de tecnologia.

Essas crises testaram minha resiliência, mas também me ensinaram algo importante: empreender é muito mais do que sobreviver financeiramente. É uma jornada emocional e espiritual que exige equilíbrio, propósito e apoio. No entanto, muitos empreendedores não têm acesso às ferramentas ou ao suporte necessário para enfrentar esses desafios.

---

23 LEWGOY, J. 78% das empresas recorreram ao cheque especial nos últimos 18 meses. **Valor Investe**, 18 nov. 2019. Disponível em: https://valorinveste.globo.com/objetivo/empreenda-se/noticia/2019/11/18/78percent-das-empresas-recorreram-ao-cheque-especial-nos-ultimos-18-meses.ghtml. Acesso em: 9 abr. 2025.

O ABISMO ENTRE EMPREENDEDORES E EXECUTIVOS

O estudo sobre sobrevivência de empresas do Sebrae, que analisou dados entre 2018 e 2021, revela que as empresas fechadas em 2020 compartilhavam características relacionadas à falta de preparo e planejamento.[24] Entre os empreendedores, uma maior proporção estava desempregada antes de abrir o próprio negócio, o que indica uma decisão motivada pela necessidade mais do que pela identificação de oportunidades. Além disso, aqueles que encerraram atividades tinham menor conhecimento e experiência no ramo, eram menos capacitados, conheciam menos aspectos relevantes de seus mercados e tinham menor acesso a crédito. É claro que a pandemia de covid-19 foi um fator determinante para cerca de metade dessas empresas, agravando ainda mais um cenário de vulnerabilidade.

Outro ponto destacado é a relação entre planejamento e sobrevivência. Entre as empresas que fecharam, 17% admitiram não ter feito nenhum planejamento, ao passo que 59% fizeram planos para um período inferior a seis meses. Essa deficiência no planejamento prejudicou a capacidade de adaptação e inovação, que foram estratégias cruciais para negócios que se mantiveram ativos. A falta de gestão adequada também foi um fator crítico, evidenciado por menor iniciativa em aperfeiçoar o negócio e ausência de esforços para diferenciar produtos ou serviços, algo que as empresas sobreviventes apontam como essencial.

Enquanto muitos sonham em escalar suas empresas, poucos estão preparados para a transição de empreendedor para executivo. Tornar-se um executivo eficaz exige habilidades que não são instintivas: gestão de pessoas, planejamento estratégico, liderança e inteligência emocional. Como falei antes, os números de pessoas que conseguem formalmente estudar gestão é insignificante quando comparado aos milhões de empreendedores que precisam de conhecimento prático. Infelizmente, muitas universidades ainda utilizam as mesmas metodologias de décadas atrás, incapazes de atender às demandas do mercado moderno. Vejo nossos acadêmicos pouco focados em gerar valor econômico além do valor científico, mantendo-se fechados na bolha teórica, com pouco desenvolvimento econômico de suas criações. Como consequência, vemos poucos casos de sucesso de cientistas brasileiros que se tornaram

---

24 A TAXA de sobrevivência das empresas no Brasil. *op. cit.*

empreendedores de destaque. Do outro lado, precisávamos ver mais empreendedores de sucesso priorizando uma agenda próxima a universidades, comprometidos em participar como convidados em cursos e aulas, inclusive montando grade curricular prática com os docentes. O resultado disso é um ambiente no qual os empreendedores precisam aprender a realidade prática por outros meios, muitas vezes cometendo erros caros e evitáveis.

Além disso, os custos elevados da maioria dos MBAs e programas de educação avançada tornam esses recursos inacessíveis para a maioria. Analisando as informações da FGV Vestibular, do Executive MBA da Fundação Dom Cabral (FDC) e da ESPM, as mensalidades do curso de Administração de Empresas, Gestão de Negócios e Marketing parecem estar muito longe da realidade da maioria dos brasileiros.

Essas instituições que eu mencionei antes são altamente respeitadas e conseguem passar bons conceitos teóricos aos alunos e, em alguns casos, bons estudos de situações reais de mercado. No entanto, comparado ao maior celeiro de empreendedorismo do mundo, o Vale do Silício, nos Estados Unidos, vemos pouquíssimos empreendedores de sucesso altamente envolvidos e comprometidos em montar programas com essas instituições que consigam popularizar o conhecimento prático vivido nas empresas. Em Stanford tive uma aula sobre IPOs (abertura de capital na bolsa) com o Eric Schmidt, CEO do Google. Vi o Jeff Jordan, CEO da Paypal, explicando como eles conseguiram se aproveitar do atraso tecnológico dos bancos estadunidenses para atender melhor os clientes. Assisti à diretora de Recursos Humanos da Qualcomm contar como a empresa saiu de 1,5 mil para mais de 40 mil funcionários. Não temos uma cultura em que pessoas que de fato empreenderam com sucesso se envolvem profundamente na formação das próximas gerações. Vejo algumas ações isoladas, que precisam ainda de muito mais amadurecimento.

Atualmente, vejo empresas alternativas de educação fazendo esse papel melhor do que as universidades tradicionais. Iniciativas como a StartSe, que oferecem programas rápidos e acessíveis focados em tendências como inteligência artificial trazendo gente que está na vanguarda desse tema, são um exemplo de como preencher essa lacuna. No entanto, essas soluções ainda são a exceção, e não a regra. E a parte mais triste disso tudo: mesmo com toda tecnologia de ensino a distância e a facilidade que a internet trouxe para acessar bons conteúdos, muitos desses conteúdos ainda não chegam a quem precisa.

Por um lado, vejo muito empreendedor bom, com vontade de aprender, buscando conhecimento o tempo todo, mas também vejo muitas pessoas acreditando em atalhos e milagres. Essas viram vítimas fáceis para os "encantadores de serpentes" que vendem fórmulas mirabolantes para resolver os problemas de sua empresa. Sobre isso eu posso afirmar categoricamente: não existe milagre! Empreender é brutal, muitas vezes é desumano, e é difícil pra caramba.

DESISTIR É O FIM?

O que agrava ainda mais o problema emocional que estamos vivendo é a demonização do fracasso. Um empreendedor que falha é um empreendedor fracassado na cultura brasileira. Aprendi que em outros lugares do mundo, como no já mencionado Vale do Silício, um empreendedor que não teve sucesso é um profissional mais experiente. Muitos investidores investem em fundadores que fracassaram, mas que claramente conseguem analisar e entender onde cometeram seus principais erros e que tem uma boa ideia de como corrigi-los.

Conversando com fundadores, vejo uma falta de clareza e racionalidade em analisar friamente opções como fechar a empresa, descontinuar um produto ou até mesmo juntar forças com um concorrente. Muitos veem como um baque psicológico ter de voltar ao mercado de trabalho. Volto a insistir que uma falta de cultura com bons conselheiros e mentores mais experientes deixam a maior parte dos empreendedores desguarnecidos nesses momentos difíceis.

Com esse tsunami de desafios jogando contra o empreendedor, há uma luz no fim do túnel? Além de ter de lutar contra tudo e contra todos esses problemas, você realmente acha que ainda há espaço para olhar para o propósito de uma empresa? Eu acredito que existem métodos, conselhos, dicas, ferramentas e experiências que podem ajudar a aumentar as chances de os empreendedores terem sucesso profissional. E eu também acho que, em paralelo, há uma construção a ser feita que torna o caminho mais leve, e a recompensa da linha de chegada, mais gratificante. Vamos parar de falar de problemas e buscar soluções?

CAPÍTULO 3
COMO CRESCER RUMO AO SUCESSO SEM PERDER A ESSÊNCIA

O crescimento de uma empresa é, muitas vezes, comparado a uma montanha-russa: altos e baixos, momentos de aceleração, curvas inesperadas e, acima de tudo, a necessidade de adaptação constante. Cada pessoa empreendedora tem um caminho diferente e está vivendo uma realidade diferente da dos demais. Por isso é importante entender claramente onde você está e ter uma ideia dos passos que você vai ter de percorrer em seu caminho.

A CURVA DE GREINER: AS ETAPAS DE CRESCIMENTO DE UMA EMPRESA

Para compreender melhor essa jornada, a Curva de Greiner oferece um modelo que descreve as etapas de crescimento organizacional, bem como as crises inevitáveis que surgem à medida que uma empresa evolui. Essa abordagem não apenas ilumina os desafios do empreendedorismo mas também fornece insights práticos sobre como os gestores podem superar os obstáculos em cada estágio.

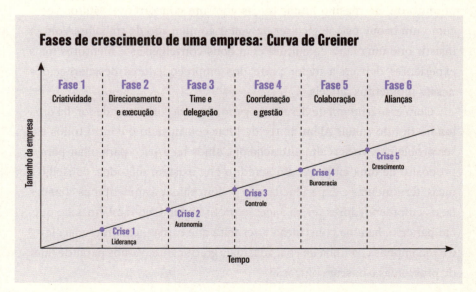

Fase 1: Criatividade – o nascimento da empresa

Toda empresa nasce de uma ideia, de uma visão ou de uma necessidade identificada. Nesse estágio inicial, o foco está na criatividade e na inovação. Os empreendedores investem toda a sua energia em criar produtos ou serviços e estabelecer uma identidade no mercado.

A primeira coisa que você precisa fazer ao criar uma empresa é provar que seu produto ou serviço resolve um problema para uma "persona" ou "avatar". Esses são os termos que usamos para definir um estereótipo do cliente-alvo. Muita gente perde um tempo valioso construindo o protótipo perfeito ou até mesmo construindo o produto real, sem nunca trocar uma ideia com os clientes potenciais. O resultado mais comum disso é que a primeira versão do produto vem depois de muito tempo, muitos gastos, e cheia de problemas e defeitos. Existe um conceito famoso na metodologia Lean Startup,[25] que fala do Produto Mínimo Viável (em inglês, *Minimum Viable Product* ou MVP). Em linhas gerais, nada mais é do que o protótipo, que você deve mostrar o mais rápido possível aos clientes potenciais, gastando o menos possível.

O livro *Satisfação garantida*[26] conta a história do empreendedor estadunidense Tony Hsieh ao criar a empresa de e-commerce de calçados Zappos, que foi vendida por 1 bilhão de dólares para a gigante Amazon. Nele, você vai ver que Tony lançou rapidamente seu site sem nenhuma automação. Ele recebia e-mails com a descrição dos pedidos dos clientes, ia pessoalmente às lojas comprar os sapatos e depois os entregava para os clientes.

Um último conselho sobre esse tema: um dos empreendedores de maior sucesso no mundo de tecnologia, Reid Hoffman (cofundador do LinkedIn e de outras empresas de sucesso), disse no livro *The Startup of You*:[27] "Se você não está constrangido com a primeira versão do seu produto, provavelmente você demorou demais para lançar". Ouça o Reid, ele sabe o que fala!

---

25 RIES, E. **A startup enxuta**: como os empreendedores atuais utilizam a inovação contínua para criar empresas extremamente bem-sucedidas. Lisboa: Leya, 2012.

26 HSIEH, T. **Satisfação garantida**: como a Zappos revolucionou o mercado americano. Rio de Janeiro: Sextante, 2011.

27 HOFFMAN, R.; CASNOCHA, B. **The Startup of You:** Adapt to the Future, Invest in Yourself, and Transform Your Career. New York: Crown Business, 2012.

Se você passar bem pela Fase 1, o crescimento inevitavelmente leva à Crise de Liderança, que vamos cobrir melhor no Método do Octógono, mais adiante.

Fase 2: Direcionamento e execução – consolidando a estrutura

Superada a fase inicial de criatividade, em que o foco estava em colocar a empresa em funcionamento e explorar ideias inovadoras, a Fase 2 é marcada por uma transição crítica. Aqui, o objetivo principal é estabelecer processos mais definidos, organizar equipes e implementar rotinas que garantam consistência e eficiência nas operações. Os empreendedores e empreendedoras precisam adotar um papel mais estratégico, deixando de estar envolvidos em todas as atividades do dia a dia para começar a criar uma visão mais clara de longo prazo. No entanto, essa transição não é simples. A busca por maior formalização pode levar a tensões internas, pois a equipe inicial, acostumada à flexibilidade da fase anterior, pode sentir dificuldade em se adaptar às novas regras e processos.

É nesse contexto que surge a crise de autonomia. À medida que a empresa cresce, torna-se impossível para os fundadores ou líderes centrais tomarem todas as decisões. O sucesso da organização passa a depender de delegar responsabilidades para gestores intermediários e equipes autônomas. No entanto, encontrar o equilíbrio entre liberdade e supervisão é um desafio significativo. Por um lado, líderes precisam confiar em suas equipes para executar tarefas sem microgerenciamento. Por outro, é essencial garantir que as decisões e ações estejam alinhadas com a visão e os objetivos estratégicos da empresa. Esse equilíbrio muitas vezes exige um amadurecimento do próprio empreendedor, que deve aprender a confiar em seu time enquanto mantém uma comunicação clara e mecanismos para acompanhar resultados sem sufocar a iniciativa individual.

Fase 3: Time e delegação – o poder das pessoas

Após estabelecer os primeiros processos e enfrentar a crise de autonomia, as empresas entram na Fase 3, na qual o foco está na construção de times sólidos e na delegação efetiva. A liderança percebe que não pode fazer tudo sozinha e que o crescimento sustentável da empresa depende de contar com líderes intermediários e equipes que compartilhem responsabilidades. Isso exige a formação de um time de gestão competente, capaz de alinhar-se à visão da organização enquanto executa estratégias de maneira autônoma.

No entanto, com a expansão do número de colaboradores, surgem desafios relacionados à comunicação, ao alinhamento de objetivos e à confiança.

Esses desafios levam à crise de controle. À medida que a empresa cresce e a hierarquia se torna mais complexa, os fundadores e os líderes iniciais podem sentir que estão perdendo o domínio sobre o que acontece no dia a dia. Surgem preocupações sobre a consistência na execução e o alinhamento entre os diferentes departamentos. Nesse momento, é crucial implementar ferramentas de monitoramento, indicadores de performance e sistemas de governança que permitam gerenciar o crescimento sem sufocar a agilidade. A habilidade de equilibrar controle estratégico e autonomia operacional determinará o sucesso dessa fase e abrirá caminho para a coordenação eficiente do próximo estágio.

Fase 4: Coordenação e gestão – expandindo com eficiência

Com times estruturados e a gestão intermediária assumindo responsabilidades, a Fase 4 é caracterizada pela necessidade de coordenação e integração entre diferentes áreas da empresa. O crescimento traz consigo maior complexidade organizacional, que exige mecanismos de gestão claros para alinhar os objetivos dos departamentos. Nesse estágio, processos são refinados, e ferramentas de gestão, como Enterprise Resource Planning (ERP) e sistemas de indicadores, tornam-se indispensáveis para assegurar a eficiência operacional e a escalabilidade do negócio.

Entretanto, essa estruturação frequentemente conduz à crise de burocracia. A busca por controle e eficiência pode gerar um excesso de formalidades, processos rígidos e uma cultura organizacional que desencoraja inovação e tomada de riscos. Nesse momento, a liderança precisa trabalhar para encontrar o equilíbrio entre processos necessários e flexibilidade estratégica. É essencial promover uma cultura de inovação, empreendedorismo interno e colaboração que permita à organização continuar crescendo sem perder a capacidade de adaptação às mudanças do mercado. É fundamental também saber alinhar interesses no estabelecimento das metas e programas de recompensa da empresa.

Fase 5: Colaboração – unindo forças internas

Superada a fase de coordenação, a Fase 5 marca um momento de amadurecimento organizacional. A empresa entende que o crescimento sustentável e a inovação contínua dependem de colaboração entre equipes, departamentos e stakeholders externos. O foco volta-se para a criação de sinergias internas, a simplificação de processos e a promoção de uma cultura organizacional embasada na confiança e no trabalho conjunto. Líderes concentram-se mais em estratégias de longo prazo e menos em tarefas operacionais.

Esse estágio, no entanto, apresenta a crise de crescimento. À medida que a empresa alcança novos mercados e aumenta a base de clientes, a complexidade de operar em grande escala pode comprometer a agilidade e a execução. Isso exige um alinhamento cultural ainda mais forte e mecanismos claros de comunicação e gestão de mudanças. É o momento de investir em lideranças que entendam a importância do trabalho colaborativo e na criação de um ambiente que facilite a inovação contínua.

Fase 6: Alianças – o impacto global

Na fase final, a empresa alcança um nível de maturidade que lhe permite buscar alianças estratégicas para continuar crescendo. Essa fase é marcada por parcerias com outras organizações, aquisições, *joint ventures* e iniciativas que vão além dos recursos internos. A liderança se torna mais focada em criar e fortalecer essas conexões externas, ao passo que as operações internas mantêm a estabilidade alcançada nas fases anteriores.

Aqui, a principal ameaça é a crise de relevância. As empresas podem enfrentar desafios relacionados à inovação e à competitividade, sobretudo se pararem de se reinventar. Muitas vezes, o sucesso anterior cria um sentimento de conforto que pode levar à estagnação. Para superar esse risco, a liderança deve continuar explorando novos mercados, tecnologias e oportunidades de colaboração. Essa fase exige visão estratégica, uma forte cultura organizacional e a capacidade de se adaptar continuamente para permanecer relevante no cenário global.

A Curva de Greiner não apenas detalha os estágios naturais de evolução de uma empresa mas também nos lembra de que o crescimento nunca é linear. Cada crise enfrentada é uma oportunidade de aprendizado e transformação. Para o empreendedor, entender essa jornada é essencial não apenas para o sucesso do negócio mas também para a evolução da própria carreira e do propósito. Levando em consideração essa longa jornada, vamos entender agora quais elementos podem ajudar as pessoas empreendedoras nesse caminho.

EXEMPLOS DE SUCESSO

Vivemos um momento especial no Brasil. Estamos vendo as primeiras gerações de empreendedores de tecnologia que tiveram muito sucesso em sua jornada e que agora conseguem, com propriedade, contar as próprias histórias para as próximas gerações. Com esses exemplos, podemos criar os primeiros padrões de cultura, métodos e comportamentos que ajudaram esses pioneiros a desbravar esse terreno novo e hostil em nosso país.

A imprensa[28] brasileira noticiou, em 3 de janeiro de 2018, que a empresa chinesa DiDi adquiria a brasileira 99Táxi. Liderada pelo brilhante Paulo Veras, que tive o prazer de conhecer em alguns eventos entre empresários de tecnologia em São Francisco, a equipe da 99 conseguiu anunciar publicamente ao mercado que criaram uma empresa de 1 bilhão de dólares de valor, essas que são apelidadas de "unicórnios". Depois dos primeiros unicórnios de 2018, vários outros surgiram, como bem descreve o jornalista Daniel Bergamasco em seu livro *Da ideia ao bilhão*,[29] que cita várias histórias da Movile, em que outros sócios, tendo o Fabricio como protagonista, e eu conseguimos construir algo extraordinário aliados a um time de pessoas incríveis.

Lendo as declarações na contracapa do livro, me marcou o que a Luiza Helena Trajano, presidente do Conselho de Administração da rede de varejo Magazine Luiza, falou: "Que esta obra seja inspiração para dezenas de outras empresas unicórnio brasileiras, carregadas de inovação e tecnologia". Ela reforça a importância de termos os exemplos inspiradores para desenvolver uma geração de novos líderes de sucesso.

Quero também empurrar mais gente nessa direção, porém com algo que vai trazer um significado maior para a jornada. Aqui, você vai encontrar um método completo e integrado que combina sucesso empresarial com transformação

---

28 SALOMÃO, K. Chinesa DiDi compra a 99, o primeiro unicórnio brasileiro. **Exame**, 27 mar. 2018. Disponível em: https://exame.com/negocios/rival-da-uber-compra-a-99-1-unicornio-brasileiro/. Acesso em: 9 abr. 2025.

29 BERGAMASCO, D. **Da ideia ao bilhão**: estratégias e bastidores das startups que viraram unicórnios no Brasil. São Paulo: Gente, 2022.

pessoal. Embasado em mais de 25 anos de experiência prática no ecossistema de startups e grandes empresas, eu apresento ferramentas práticas, histórias reais e técnicas de gestão, liderança e inovação que vão ajudar você, líder, a superar desafios empresariais e aumentar o faturamento de seu negócio, mas também a encontrar equilíbrio, propósito e felicidade em sua jornada.

O método que estudaremos juntos se baseia em alguns pilares fundamentais que serão trabalhados ao longo do livro. Apresento brevemente a seguir cada um deles.

GESTÃO E INOVAÇÃO ESTRATÉGICA

Conversando no passado com um dos fundadores do iFood, ele falava que o grande ativo que a Movile ofereceu ao iFood foi o modelo de gestão e disciplina implementado com a ajuda dos consultores Victor Báez e Youssif Abichabki, da consultoria Heartman House.[30] Trata-se de um conjunto de metodologias e ferramentas, que, conectado a técnicas de inovação que aprendemos ao longo desse caminho, foi fundamental para a criação de valor de maneira sistemática ao longo de mais de vinte anos. Aqui, em nosso método, eu adiciono vários pontos que aprendi, para que você possa estruturar seus processos de maneira eficiente, garantindo crescimento sustentável de sua empresa. Muito do que vamos cobrir sobre estratégias de inovação nesse modelo saíram das histórias contadas nos cases de Stanford[31] e Harvard[32] sobre a história da Movile. As principais fontes que nos inspiraram foram a metodologia Lean Startup, bem documentada no livro *A startup enxuta*, de

---

30 HEARTMAN HOUSE. Disponível em: https://heartman-house.com.br/. Acesso em: 9 abr. 2025.

31 ZIEBELMAN, P.; FOSTER, G.; MORGAN J. Movile (A): Going Global – Is Silicon Valley the Next Stop? **Stanford Graduate School of Business**, 2015. Disponível em: www.gsb. stanford.edu/faculty-research/case-studies/movile-going-global-silicon-valley-next-stop. Acesso em: 9 abr. 2025; FOSTER, G.; ZIEBELMAN, P.; MORGAN, J. Movile (B): Building New Venture Opportunities. **Stanford Graduate School of Business**, 2015. Disponível em: www.gsb.stanford.edu/faculty-research/case-studies/movile-b-building-new-venture-opportunities. Acesso em: 9 abr. 2025; ZIEBELMAN, P.; FELDHAUSEN, E. Movile: Lessons from Silicon Valley to China. **Stanford Graduate School of Business**, 2020. Disponível em: www.gsb.stanford.edu/faculty-research/case-studies/movile-lessons-silicon-valley-china. Acesso em: 9 abr. 2025.

32 APPLEGATE, L. M. Movile in 2015. **Harvard Business Publishing**, 30 jul. 2018. Disponível em: https://hbsp.harvard.edu/product/819014-PDF-ENG?Ntt=movile. Acesso em: 9 abr. 2025.

Eric Ries.[33] Também não posso deixar de citar os ensinamentos do professor Clayton Christensen, de Harvard, por meio do livro O *dilema da inovação*,[34] e do professor Charles O'Reilly, com suas aulas nos programas executivos da Escola de Negócios de Stanford e seu livro *Liderança e disrupção*.[35]

PARA CRESCER, VOCÊ PRECISA SE TRANSFORMAR EM UM MENTOR, NÃO EM UM CHEFE

Vou compartilhar experiências reais de altos e baixos que ajudarão você a sentir que não está sozinho na luta diária em seu desenvolvimento pessoal para se transformar em um líder que forma pessoas, que monta processos e que cria o ambiente para o crescimento. Você precisa, ao longo de sua carreira, evoluir para se tornar um mentor de outros líderes. Para isso, também proporciono um guia sobre como buscar mentores para você e desenvolver conexões significativas que possam servir de suporte ao longo da jornada. "Ninguém faz nada sozinho" – por mais que essa frase seja superconhecida, é bom sempre relembrá-la.

PRIORIZAÇÕES E EQUILÍBRIO ENTRE VIDA PESSOAL E PROFISSIONAL

É possível ser um líder espetacular de uma empresa bem-sucedida se você é sedentário, péssimo no relacionamento familiar, praticamente não tem tempo para descontrair com amigos nem nenhum hobby ou atividade que gosta de fazer fora do trabalho? Talvez tenhamos exceções em que isso possa ser verdade, mas, na enorme maioria dos casos, isso não funciona. Não há sucesso profissional pleno sem uma vida pessoal balanceada. Nosso método inclui práticas e dicas para ajudar você a equilibrar a vida profissional e pessoal, garantindo tempo para cuidar de si, da saúde mental e dos relacionamentos importantes. Não existe solução perfeita para esse desafio, mas as dicas que você vai receber vão inspirá-lo a balancear esses pontos críticos em seu dia a dia.

---

33 RIES, E. *op. cit.*

34 CHRISTENSEN, C. **O dilema da inovação**: quando as novas tecnologias levam empresas consolidadas à falência. São Paulo: M.Books, 2011.

35 O'REILLY, C.; TUSHMAN, M. **Liderança e disrupção**: como resolver o dilema do inovador. Rio de Janeiro: Alta Books, 2018.

PROPÓSITO E SIGNIFICADO

Além do sucesso financeiro e empresarial, este livro incentiva você a alinhar suas ações a um propósito maior, que vá além do lucro, ajudando-o a descobrir como ele pode causar um impacto positivo na sociedade, o que, por sua vez, contribui para sua realização e felicidade pessoal. Estudando o hinduísmo, descobri coisas muito interessantes que me ajudaram demais nas reflexões sobre a busca de significado na vida por meio do trabalho. Os hindus acreditam que, para satisfazer o *kama* (*kãma* ou desejo), a pessoa deve empenhar-se no *artha*, isto é, um conjunto de atividades, como o trabalho, que lhe permitam ver realizada sua componente material e econômica. Isso reforça que é importante executarmos bem essa parte do método. No entanto, o *artha* só é considerado virtuoso se for vinculado ao *Dharma*, isto é, o código de conduta moral, ética e religiosa. O *Dharma* refere-se não só ao exercício de uma tarefa espiritual mas também à ordem social, à conduta ética ou, simplesmente, à virtude. Essa é a "cereja do bolo" do nosso método, que vai encher você de sentimentos maravilhosos ao longo do caminho.

CRENÇAS LIMITANTES E MINDSET (MENTALIDADE) DE CRESCIMENTO

As crenças que carregamos moldam profundamente a maneira como encaramos desafios, lidamos com obstáculos e nos desenvolvemos pessoal e profissionalmente. No entanto, muitas dessas crenças são limitantes, agindo como barreiras invisíveis que nos impedem de alcançar nosso verdadeiro potencial. Vale citar o famoso "complexo de vira-lata", descrito pelo dramaturgo e cronista Nelson Rodrigues,[36] retratando o sentimento de inferioridade do brasileiro diante de outras nações. Após a derrota do Brasil na Copa de 1950, ele escreveu: "Por complexo de vira-lata, entendia-se a inferioridade em que o brasileiro se colocava, voluntariamente, em face do resto do mundo".

No contexto empreendedor, essas barreiras podem ser especialmente prejudiciais, levando a desistências prematuras, medo do fracasso e estagnação diante de oportunidades que poderiam transformar negócios e vidas. É nesse cenário que o conceito de **Mindset de Crescimento**,[37] introduzido por Carol Dweck, se torna uma ferramenta essencial para a superação.

---

36 RODRIGUES, N. **À sombra das chuteiras imortais**. São Paulo: Companhia das Letras, 1993.

37 DWECK, C. **Mindset**: a nova psicologia do sucesso. Rio de Janeiro: Objetiva, 2017.

Ao adotar um **Mindset de Crescimento**, os desafios deixam de ser vistos como ameaças e passam a ser interpretados como oportunidades de aprendizado. Enquanto um Mindset Fixo acredita que as habilidades são inatas e imutáveis, o Mindset de Crescimento reconhece que habilidades podem ser desenvolvidas com esforço e prática. Essa mentalidade encoraja a aceitação dos erros como parte do processo de aprendizado, transformando o fracasso em um trampolim para a inovação e o crescimento. Empreendedores que internalizam essa abordagem conseguem enfrentar a incerteza e a pressão com mais resiliência, ajustando suas estratégias de maneira adaptativa. Foi de grande ajuda em minha jornada aprender a usar essa técnica corretamente.

MINDSET FIXO	MINDSET DE CRESCIMENTO
Desafios	**Desafios**
Eu evito.	Eu aceito.
Obstáculos	**Obstáculos**
Eu desisto fácil.	Eu persevero.
Habilidades	**Habilidades**
Eu nasci com elas.	Eu desenvolvo.
Falhas	**Falhas**
Eu não sou bom nisso.	Eu aprendo com erros.
Sucesso alheio	**Sucesso alheio**
Eu invejo.	Eu me inspiro.

TRANSFORMAR DESAFIOS EM OPORTUNIDADES

Este é o primeiro passo para desbloquear esse potencial. Imagine um empreendedor que falha em lançar um novo produto. Em vez de ver o fracasso como um ponto final, ele pode enxergá-lo como uma oportunidade para analisar o que deu errado, refinar seu modelo de negócios e testar novas hipóteses. Empresas como Amazon e SpaceX são exemplos icônicos de como experimentar, errar e iterar podem levar a inovações revolucionárias. Estratégias práticas, como o uso de retrospectivas após projetos e o desenvolvimento de planos de ação embasados em lições aprendidas, ajudam a criar essa cultura de aprendizado.

No entanto, sonhar grande requer mais do que superar desafios; exige ambição direcionada e visão clara. **Inovação contínua** não é apenas introduzir novas ideias, mas também cultivar uma mentalidade que busca melhorias constantes. Ferramentas como Design Thinking, sprints ágeis e feedback contínuo permitem que empreendedores implementem a inovação no dia a dia, conectando seus grandes sonhos a ações práticas e mensuráveis. Ao alinhar ambição e propósito, os líderes podem transformar seus negócios em agentes de impacto positivo.

SONHAR GRANDE

Vamos falar muito ao longo do método sobre a importância de ser ambicioso nos planos que você vai montar para os próximos passos da sua vida e empresa. O próprio Fabricio Bloisi aprendeu com um de seus mentores: "Sonhar grande e sonhar pequeno dá o mesmo trabalho, então por que eu sonharia pequeno?". Uma das grandes barreiras que você vai encontrar em sua jornada é sua incapacidade de acreditar que você pode muito mais.

Por exemplo, existem teorias da psicologia que explicam que as expectativas que você cria em relação ao poder de execução de seus liderados podem fazê-los produzir muito mais. O Efeito Pigmaleão[38] é um fenômeno em que quanto maiores as expectativas que se têm relativamente a uma pessoa, melhor seu desempenho. Isso significa que seus liderados entregarão mais resultados se você conseguir inspirá-los com sonhos mais ambiciosos.

Finalmente, convido você, leitor, a realizar o **Exercício de expansão de visão**. Imagine onde deseja estar daqui a cinco, dez ou vinte anos. Escreva suas aspirações sem limitações, sem se preocupar com os "comos" ou "porquês". Visualize o impacto que você gostaria de gerar em sua vida e na sociedade. Esse exercício não é apenas uma prática inspiradora; é um passo inicial para libertar-se de crenças limitantes e adotar o Mindset de Crescimento como a fundação para o sucesso. Deixar isso tudo registrado e revisitar de tempos em tempos vão ajudar você a reprogramar sua mente nessa direção desejada, inclusive influenciando seus pensamentos inconscientes a seguir o caminho que você quer. Durante o exercício, coloque suas ideias no papel sem bloqueios ou críticas. Não se preocupe nesse momento sobre o que outras pessoas vão pensar a respeito de seu plano. Adote o seguinte modelo, se achar que ele pode ajudar.

---

38 KLEINA, O. O impacto das expectativas: conheça o Efeito Pigmaleão. **Pós PUCRS Digital**, 14 nov. 2023. Disponível em: https://posdigital.pucpr.br/blog/efeito-pigmaleao. Acesso em: 9 abr. 2025.

EXERCÍCIO DE EXPANSÃO DE VISÃO

Impacto em sua vida	Daqui a cinco anos	Daqui a dez anos	Daqui a vinte anos
Onde estou morando?			
Quem vive comigo?			
Quanto eu gasto mensalmente?			
Quais são meus sonhos para os próximos anos?			
O que me faz mais feliz?			
Qual é o meu impacto na sociedade?			
Quantas pessoas são impactadas pelo meu trabalho?			
Como é minha participação em minha comunidade religiosa ou espiritual?			
Como é minha participação em projetos sociais?			

Esse exercício vai ajudar você a traçar seus objetivos pessoais, os quais também, como consequência, vão direcionar seu caminho profissional nos próximos anos.

O MÉTODO DO OCTÓGONO

Ao longo dos próximos capítulos, vamos passar por cada um dos itens do Método do Octógono. Antes de começar, é importante falar que não é obrigatório você implementar tudo da noite para o dia, e eu também não espero resultados milagrosos a curto prazo. É fundamental você entender que isso é o resumo de uma vida toda de aprendizado e que muitas coisas podem não se aplicar a sua realidade imediata. Contudo, eu tenho muita convicção de que tudo o que você vai aprender aqui vai ser extremamente útil em alguma parte de sua jornada como líder. Cabe a você discernir quando, como e onde deve tentar aplicar cada parte do método.

Método do Octógono: rumo ao sucesso com significado!

Com todos esses elementos, você não apenas terá as ferramentas para resolver os problemas práticos da gestão de seu negócio, mas também conseguirá redefinir o sucesso de uma forma que envolva felicidade, equilíbrio e impacto social positivo. Meu sonho é que sua energia positiva seja tão intensa, que você consiga também inspirar mais gente nesse seu caminho. Vamos começar a detalhar o método que deve ser aplicado por empreendedores que já passaram da fase de validação de seus produtos, já têm uma empresa em funcionamento e já vendem produtos e serviços aos clientes. Vamos nessa?

CAPÍTULO 4
PROPÓSITO E CULTURA

Uma das frases mais conhecidas no mundo dos negócios é "Cultura come estratégia no café da manhã", popularmente atribuída a Peter Drucker, o pai da administração de empresas moderna. O ex-presidente da Ford, Mark Fields, afirmou publicamente que Drucker usava essa frase em conversas sobre gestão, apesar de não haver fonte direta comprovando que Drucker realmente falou isso. Nela, argumenta-se que, independentemente de quão boa seja uma estratégia, ela será ineficaz se a cultura organizacional não a apoiar. Uma cultura organizacional forte funciona como um gestor invisível, ajudando as pessoas a se comportarem, agirem e pensarem de maneira alinhada aos objetivos de longo prazo da entidade.

Neste capítulo, você aprenderá a criar uma cultura organizacional que seja sólida, positiva e que contribua diretamente para o crescimento do negócio. Você também vai entender a profunda conexão entre o propósito da organização e a cultura. Espero que ao final desta leitura você consiga criar e implementar uma cultura que inspire e sustente a empresa, promovendo um ambiente de trabalho colaborativo e uma equipe engajada que entregue resultados de excelência.

O PROPÓSITO: A RAZÃO PELA QUAL AS PESSOAS SE SENTAM AO REDOR DE SUA FOGUEIRA

Em uma masterclass que fez comigo, Luciana Carvalho, ex-CHRO do grupo Movile e atual CHRO da Blip, perguntou aos alunos: "Por que as pessoas se sentam ao redor de sua fogueira?". Ela estava traçando um paralelo entre pessoas que estão conversando em um acampamento, ao redor de uma fogueira, e o ambiente corporativo. Em um acampamento, normalmente as pessoas estão fora de suas casas, dormindo em barracas, cozinhando de maneira improvisada, com menos conforto do que o habitual. À noite, em geral fazem uma fogueira para se aquecer e iluminar o ambiente e ficam conversando, tocando instrumentos musicais, jogando algum jogo para passar o tempo. A fogueira acaba sendo o motivo para as pessoas estarem juntas na noite de acampamento.

E em sua empresa? O que faz as pessoas estarem juntas, trabalhando aproximadamente 8 horas por dia? É o dinheiro? É o aprendizado? Seria pela inspiração do dono da empresa? Ou pela causa que a fundadora acolheu?

Uma das metodologias mais simples e eficientes para responder a essas perguntas é o Círculo Dourado (Golden Circle), do estadunidense Simon Sinek.[39] Ela é fundamentada em três camadas concêntricas que respondem às perguntas "Por quê?", "Como?" e "O quê?".

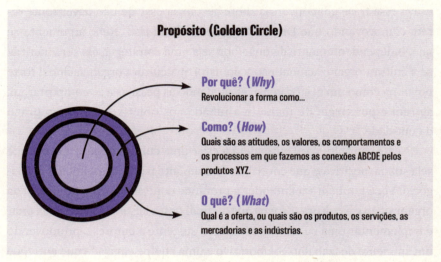

Propósito (Golden Circle)

Por quê? (*Why*)
Revolucionar a forma como...

Como? (*How*)
Quais são as atitudes, os valores, os comportamentos e os processos em que fazemos as conexões ABCDE pelos produtos XYZ.

O quê? (*What*)
Qual é a oferta, ou quais são os produtos, os serviços, as mercadorias e as indústrias.

O cerne da metodologia está em começar pelo propósito (o "Por quê?"), pois é ele que guia e inspira tanto os colaboradores quanto os consumidores. O propósito, segundo Sinek, é o motivo pelo qual a empresa existe além do lucro, como um impacto positivo que ela deseja gerar no mundo.

Começar pelo "Por quê?" permite que a organização defina sua missão e sua visão de maneira mais clara. Empresas que se baseiam apenas no "O quê?" (os produtos ou serviços que vendem) ou no "Como?" (seus processos e diferenciais) frequentemente carecem de uma conexão emocional

---

[39] SINEK, S. **Comece pelo porquê**: como grandes líderes inspiram pessoas e equipes a agir. Rio de Janeiro: Sextante, 2018. Também apresentado em sua palestra no TED: "How Great Leaders Inspire Action", em 2009.

com seu público e colaboradores. O propósito é o elemento que inspira, cria identificação e motiva tanto os consumidores quanto os colaboradores. Empresas que começam pelo "Por quê?" têm maior capacidade de atrair e reter talentos e clientes, pois se conectam com valores humanos mais profundos. Essa abordagem também guia decisões estratégicas mais coesas e alinhadas com o impacto que a empresa deseja gerar.

O "Como?"– o segundo elemento do Golden Circle – se refere à maneira como a empresa realiza sua missão. Aqui entram as estratégias, processos e diferenciais que transformam o propósito em ações concretas. Empresas que alinham o "Como?" ao "Por quê" conseguem maior consistência entre o que prometem e o que entregam. Por exemplo, uma empresa de tecnologia cujo propósito seja "inspirar criatividade no mundo" pode decidir inovar continuamente em ferramentas de design. Esse alinhamento entre propósito e execução fortalece a credibilidade e a confiança tanto interna quanto externamente.

Por fim, o "O quê?" representa os produtos ou serviços que a empresa oferece ao mercado. Embora essa camada seja a mais visível e tangível, ela deve ser uma consequência natural das duas anteriores. Quando o "O quê?" está alinhado ao "Por quê?" e ao "Como?", a empresa comunica com clareza a identidade, gerando maior impacto no mercado e aumentando a capacidade de diferenciação.

O PODER DE UM PROPÓSITO INSPIRADOR

Um propósito corporativo verdadeiramente inspirador vai além de ser uma simples declaração; ele é o coração pulsante da organização, capaz de energizar e motivar todos os que estão dentro dela. Quando o propósito é autêntico e significativo, ele cria um senso de pertencimento e propósito pessoal nos colaboradores. Essas pessoas se sentem conectadas não apenas às metas financeiras da empresa mas também a uma causa maior que as faz querer dar seu melhor todos os dias. Essa inspiração interna também transborda para os clientes, fornecedores e parceiros, criando uma rede de impacto que vai muito além dos limites da organização.

O propósito de uma empresa deve ser tão relevante daqui a cem anos quanto é hoje, servindo como um farol que guia decisões estratégicas ao longo do tempo. Um propósito atemporal transcende produtos, serviços e tendências passageiras, concentrando-se em algo maior e mais duradouro, como o impacto positivo na sociedade, a inovação contínua ou a transformação de um setor. Ele também age como uma lente estratégica, ajudando líderes e equipes a identificar oportunidades que estão alinhadas com o que a organização poderia e deveria fazer, ao mesmo tempo que facilita a escolha de onde investir tempo e recursos, evitando distrações ou iniciativas desalinhadas.

Por fim, um propósito só é poderoso se for autêntico e verdadeiramente enraizado nos valores, na história e na essência da empresa. Propósitos que soam artificiais ou desconectados da realidade não apenas falham em inspirar mas também corroem a confiança de colaboradores e clientes. Quando um propósito reflete genuinamente a identidade da organização, ele não apenas guia as ações internas mas também constrói uma reputação sólida e sustentável no mercado. Um propósito autêntico não é apenas uma ferramenta de comunicação externa; ele é o alicerce para decisões éticas, culturais e de inovação que posicionam a empresa para um impacto positivo duradouro.

Para ajudar você nesse exercício, vou trazer aqui alguns exemplos de empresas que criaram propósitos inspiradores.

- **Nike Brasil:**[40] "Nosso propósito é mover o mundo adiante por meio do poder do esporte."
- **iFood:**[41] "Alimentar o futuro do mundo."
- **Apple:** "Libertar o potencial humano através da tecnologia."
- **Tesla:**[42] "Acelerar a transição do mundo para a energia sustentável."

---

40 ABOUT. **Nike**, c2025. Disponível em: https://about.nike.com/pt/impacto. Acesso em: 9 abr. 2025.

41 SOBRE o iFood. **iFood**, c2025. Disponível em: https://institucional.ifood.com.br/sobre. Acesso em: 9 abr. 2025.

42 SOBRE nós. **Tesla**, c2025. Disponível em: www.tesla.com/pt_pt/about. Acesso em: 9 abr. 2025.

- **Disney:**[43] "Entreter, informar e inspirar pessoas ao redor do mundo por meio do poder de uma narrativa incomparável, refletindo as marcas icônicas, as mentes criativas e as tecnologias inovadoras que fazem da nossa a principal empresa de entretenimento do mundo."
- **Movile:** "Melhorar a vida de 1 bilhão de pessoas através das nossas tecnologias."

Note que em nenhum dos exemplos citamos ambições financeiras como propósito das empresas. Isso vai aparecer mais para a frente, como uma ferramenta importante para a empresa ter um bom desempenho, porém aqui o mais importante é a causa, a motivação maior.

EXERCÍCIO PRÁTICO

Agora que temos essa referência, vamos focar a definição do propósito de sua empresa. Por que essa empresa existe? Por que as pessoas acordam todos os dias e vêm trabalhar aqui?

Escreva uma frase de impacto que vai ser o novo propósito de sua empresa ou da equipe que você lidera.

---

43 ABOUT the Walt Disney Company. **Disney**, c2025. Disponível em: https://thewaltdisney-company.com/about/. Acesso em: 9 abr. 2025.

CULTURA ORGANIZACIONAL: O QUE É E QUAL É A SUA CONEXÃO COM O PROPÓSITO?

A cultura organizacional é o conjunto de valores, crenças, comportamentos, práticas e normas que definem a forma como as pessoas em uma organização interagem entre si e com o ambiente externo. Em termos simples, é "o jeito que as coisas são feitas aqui em nossa empresa". Ela vai muito além de declarações formais ou frases na parede; a cultura reflete a essência de uma organização, moldando a forma como decisões são tomadas, como problemas são resolvidos e como as equipes trabalham juntas.

Na prática, a cultura organizacional é composta de elementos tangíveis (como políticas de remuneração, horários de trabalho e rituais internos) e intangíveis (como a maneira como os líderes se comunicam, a forma como o feedback é dado e os comportamentos valorizados). Esses aspectos criam um "tecido social" que une os colaboradores em torno de objetivos comuns e dá à organização sua identidade única. Um dos pontos centrais da cultura organizacional é seu impacto direto nos resultados da empresa. Uma cultura forte pode impulsionar a inovação, a colaboração e a retenção de talentos, ao passo que uma cultura fraca pode gerar desmotivação, conflitos e alta rotatividade.

Além disso, uma cultura bem definida atua como uma bússola, guiando as decisões mesmo em momentos de incerteza. Empresas que priorizam valores como transparência, aprendizado contínuo ou foco no cliente criam ambientes onde essas prioridades são não apenas declaradas, mas vividas diariamente.

Um dos exemplos que mais gosto vem do Rodrigo Barros, CEO da Boali, rede de restaurantes de comida saudável com o propósito de "universalizar o acesso à alimentação saudável, transformar hábitos e fazer o bem por meio da comida". Em uma *live*[44] comigo no Instagram, Rodrigo conta que a cultura organizacional molda decisões no dia a dia da empresa. Por exemplo, ele diz que todas as propostas de novos pratos no cardápio da rede de mais de cem restaurantes não devem ter um valor alto para o consumidor, mesmo que isso traga benefícios financeiros como aumento de receita ou margem. Segundo

---

44 EMPOWER BUSINESS SCHOOL; EDUARDO LINS HENRIQUE. [**Pega aí essas dicas preciosas do nosso fundador @edu_lins_henrique para quem é líder:**]. 13 nov. 2023. Instagram: empower_biz; edu_lins_henrique. Disponível em: www.instagram.com/reel/CzmKOHYxlgf/. Acesso em: 9 abr. 2025.

Rodrigo, a palavra "universalizar" no propósito da companhia já indica a todos os colaboradores que é preciso tornar os pratos mais populares e acessíveis, e não mais elitizados e caros. "Um colaborador nunca vai propor um prato adicional no cardápio que custe 100 reais, porque eles sabem claramente o propósito da nossa empresa." Isso pode parecer um exemplo simples, mas quanto mais as pessoas estão alinhadas com o propósito e com a cultura, menos trabalho você tem para gerenciá-las.

Por fim, a cultura organizacional não é estática; ela evolui à medida que a empresa cresce e enfrenta novos desafios. Cabe aos líderes não apenas defini-la mas também vivê-la, preservá-la e adaptá-la às novas realidades do mercado. Líderes que não agem de acordo com os valores da empresa certamente estão trabalhando no emprego errado e terão muito mais dificuldade de inspirar, liderar e ter sucesso com seus liderados.

COMO DEFINIR A CULTURA ORGANIZACIONAL DE SUA EMPRESA

Os conceitos que vou usar são embasados em uma aula que minha parceira Marcela Martins montou. Ela usou o artigo "Leader's Guide to Corporate Culture"[45] [O guia do líder para a cultura empresarial, em tradução livre] para preparar a aula. Esse estudo destaca como diferentes dimensões culturais moldam o comportamento organizacional e oferece insights valiosos sobre como líderes podem gerir esses elementos para alinhar a cultura corporativa aos objetivos estratégicos de longo prazo.

Vamos explorar as dimensões fundamentais abordadas no estudo: o espectro entre independência e interdependência, que define como as pessoas interagem em uma organização. Essa escolha influencia diretamente a forma como decisões são tomadas, tarefas são executadas e como o trabalho colaborativo ou individual impacta os resultados empresariais.

No processo de definição de sua cultura, é importante você pensar em seus objetivos estratégicos de longo prazo e qual a forma como as pessoas devem se comportar para atingir esses objetivos. Uma empresa que fabrica

---

45 GROYSBERG, B. *et al.* The Leader's Guide to Corporate Culture: How To Manage The Eight Critical Elements Of Organizational Life. **Harvard Business Review**, jan./fev. 2018. Disponível em: https://hbr.org/2018/01/the-leaders-guide-to-corporate-culture. Acesso em: 9 abr. 2025.

medicamentos ou aeronaves precisa ter um compromisso muito forte com precisão, processo e baixa tolerância a falhas. A cultura precisa acompanhar a estratégia desses negócios – que são diferentes de uma organização sem fins lucrativos de combate à pobreza, que precisa de mais inspiração para trabalho voluntário, flexibilidade de ideias, profissionais que estão confortáveis com baixa remuneração e alto foco na causa humanitária. Não existe cultura certa ou errada. Existe cultura com a qual você se identifica ou não. Outra coisa importante é que você, empreendedor e empreendedora, deve conduzir o processo de definição da cultura *top-down* (do topo para a base), ou seja, é o topo do organograma que define como a empresa vai funcionar, normalmente a(o) CEO.

Definir se a cultura organizacional deve priorizar a estabilidade ou a flexibilidade é um passo crucial para alinhar os valores da empresa ao seu propósito e aos seus objetivos estratégicos. Culturas que prezam pela **estabilidade** tendem a focar controle, previsibilidade e consistência. Elas são ideais para organizações que operam em setores regulados, como finanças ou saúde, em que minimizar riscos e seguir normas é essencial. Nessas culturas, processos bem definidos, rotinas estabelecidas e uma cadeia hierárquica clara ajudam a garantir que as operações fluam sem grandes surpresas. A estabilidade também promove um ambiente de trabalho seguro, em que os colaboradores sabem exatamente o que esperar e como proceder, tornando mais fácil a gestão de crises e a continuidade dos negócios.

Por outro lado, culturas que priorizam a **flexibilidade** são marcadas por sua capacidade de adaptação, criatividade e resiliência diante de mudanças. Elas são mais comuns em setores de tecnologia ou startups, em que a inovação e a velocidade de resposta às demandas do mercado são diferenciais competitivos. Em uma cultura flexível, o foco está em lidar bem com incertezas, incentivando a autonomia e a experimentação. Isso pode significar menos ênfase em processos rígidos e mais liberdade para os colaboradores contribuírem com ideias inovadoras. Essa abordagem permite que a empresa reaja rapidamente às mudanças do mercado, mas pode exigir líderes que saibam balancear liberdade com responsabilidade para evitar caos organizacional. Assim, a escolha entre estabilidade e flexibilidade depende do contexto do mercado em que a empresa atua e de seus objetivos a longo prazo.

Definir como as pessoas interagem em uma organização também é essencial para moldar o ambiente de trabalho e as dinâmicas de colaboração. O espectro entre independência e interdependência reflete o nível de autonomia individual em relação à cooperação entre equipes.

Uma cultura orientada para a **independência** valoriza a autonomia dos colaboradores, promovendo ambientes onde os indivíduos têm a liberdade de tomar decisões e executar tarefas de maneira isolada, confiando em suas habilidades e conhecimentos. Essa abordagem é ideal para empresas nas quais a especialização e a performance individual são essenciais, como em áreas altamente técnicas ou criativas, permitindo que cada colaborador contribua de maneira única e autônoma.

Por outro lado, a **interdependência** enfatiza a colaboração e a sinergia entre equipes e áreas. Nesse tipo de cultura, o foco está em como as conexões e interações fortalecem os resultados organizacionais. É particularmente valiosa em empresas que operam em setores dinâmicos e interligados, em que o sucesso depende de um trabalho coletivo coordenado, como projetos de grande escala ou ambientes de inovação aberta. Aqui, a cooperação não é apenas incentivada, mas fundamental para alcançar metas estratégicas, garantindo que as competências individuais sejam somadas para criar algo maior do que a soma das partes. Escolher entre independência e interdependência ou encontrar um equilíbrio entre ambas é um fator determinante para o sucesso da cultura organizacional.

Esses quatro elementos darão origem a oito arquétipos que vão ajudá-lo muito a chegar bem perto da definição de como será a cultura de sua empresa. Vamos estudá-los a seguir.

ARQUÉTIPOS DE CULTURA ORGANIZACIONAL: UMA REFLEXÃO SOBRE VALORES E ESTRATÉGIAS

Os arquétipos de cultura organizacional variam usando os quatro itens que mencionamos no tópico anterior e desempenham um papel essencial no direcionamento das dinâmicas de trabalho e na formação do ambiente corporativo. Esses modelos ajudam a alinhar os valores de uma organização com suas estratégias, criando um sistema de comportamentos e práticas que influenciam diretamente o sucesso a longo prazo. Eles são representados da seguinte maneira:[46]

---

46 Adaptado de GROYSBERG, B. *et al. op. cit.*

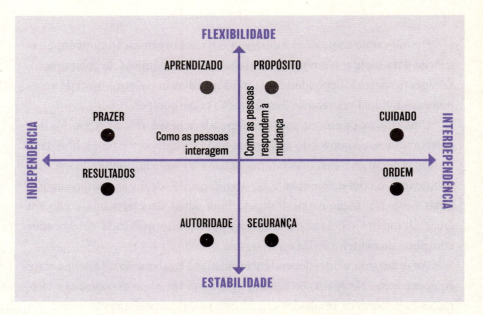

Cada um desses arquétipos apresenta características únicas, que refletem tanto as prioridades estratégicas quanto as necessidades específicas de cada organização.

O arquétipo de **Autoridade** valoriza a força e a ousadia, criando um ambiente competitivo em que decisões são tomadas com base em hierarquias bem definidas. Empresas como a Huawei exemplificam esse modelo, onde as regras são claras e a execução estratégica é altamente controlada.

Por sua vez, o arquétipo de **Segurança** foca a previsibilidade e o planejamento. Organizações como o Santander destacam-se por promover um ambiente estável, com ênfase em mitigar riscos e garantir que os colaboradores se sintam protegidos e amparados.

O arquétipo de **Ordem**, com alta interdependência e média estabilidade, é caracterizado por um ambiente metódico e embasado em normas comuns. Empresas que seguem esse modelo, como o Santander em determinadas práticas, estruturam seus processos para que todos os colaboradores saibam claramente o que esperar e como se alinhar às normas estabelecidas.

Em contraste, o arquétipo de **Resultados** prioriza conquistas e performance, criando ambientes orientados para metas e méritos. Organizações como a AB InBev exemplificam esse estilo, onde o desempenho individual e coletivo é monitorado e recompensado constantemente.

Do outro lado do espectro, encontram-se arquétipos mais flexíveis e orientados para a criatividade e o bem-estar. O arquétipo de **Aprendizado** promove um ambiente inovador e dinâmico, onde os colaboradores são incentivados a explorar novas ideias e a experimentar abordagens diferentes. Empresas como a Tesla representam esse arquétipo, permitindo que os funcionários sejam protagonistas das próprias soluções.

Similarmente, o arquétipo de **Propósito** alinha suas práticas a valores altruístas, promovendo solidariedade e um impacto positivo na sociedade, como exemplificado pela Whole Foods. Essa abordagem é ideal para empresas que desejam criar um legado além do lucro financeiro.

Já o arquétipo de **Prazer** valoriza a diversão e a empolgação no ambiente de trabalho. Exemplos como a Zappos mostram que um clima descontraído, com ênfase em criatividade e bem-estar, pode gerar engajamento e lealdade dos colaboradores.

A cultura organizacional da Natura, por exemplo, é guiada por uma orientação clara ao afeto, à sinceridade e às relações humanas. Posicionada no arquétipo do **Cuidado**, a empresa valoriza profundamente o trabalho em equipe, o engajamento, a confiança e o senso de pertencimento. Essa abordagem favorece a construção de ambientes colaborativos, onde o bem-estar coletivo é prioridade. Por outro lado, esse mesmo foco em construir de maneira conjunta pode, em alguns contextos, reduzir a velocidade na tomada de decisões e diminuir o nível de competitividade – um equilíbrio delicado entre sensibilidade e agilidade estratégica. Ainda assim, a Natura se destaca como um exemplo de organização que traduz seus valores em práticas consistentes, cultivando relações de longo prazo com colaboradores, consumidores e com o planeta.

Esses arquétipos destacam que não existe uma única fórmula para o sucesso. Cada empresa deve avaliar seus objetivos estratégicos, seu mercado e seus valores essenciais para determinar qual arquétipo, ou combinação deles, melhor se alinha a suas necessidades. Também não existem culturas organizacionais certas ou erradas, vencedoras ou perdedoras. As culturas das empresas são diferentes entre si e podem funcionar ou não, dependendo de quão forte elas são vividas pelos líderes e liderados. É comum encontrarmos situações em que empresas têm uma cultura fortíssima, porém os valores e as atitudes vividos lá dentro não nos agrada. Tudo bem, não há nada de errado com isso e você não vai se identificar com todas as empresas que você conhecer. No entanto, é muito importante você estar atento, pois dificilmente as pessoas se adaptam a uma cultura organizacional: ou elas têm alinhamento ou não têm.

Mais importante, os líderes devem ser os principais guardiões da cultura, promovendo um ambiente que não apenas impulsione os resultados mas também reflita os valores mais profundos da organização. Assim, construir uma cultura forte e coesa torna-se não apenas uma vantagem competitiva mas também um diferencial sustentável no longo prazo. Se você é CEO, atente-se ao seu comportamento, pois as pessoas vão seguir suas ações, e não o que você escreveu na parede. CEO que não vive os valores liderando pelo exemplo perde credibilidade.

EXERCÍCIO PRÁTICO

Faça uma reflexão pensando estrategicamente como, no longo prazo (dez anos), você enquadra sua empresa nos seguintes pontos:

- **Passo 1:** As pessoas da minha empresa vão trabalhar de maneira: independente ou interdependente.
- **Passo 2:** Meus colaboradores vão ter um ambiente de trabalho: flexível ou estável.
- **Passo 3:** Agora, desenhe um pequeno círculo na imagem, no lugar onde sua empresa deve se posicionar.

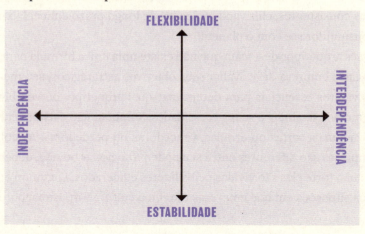

Escolha dois ou no máximo três arquétipos que serão fundamentais para a definição dos valores de sua empresa (Autoridade, Segurança, Ordem, Resultados, Cuidado, Propósito, Aprendizado, Prazer) e anote-os.

DEFININDO VALORES ORGANIZACIONAIS POR MEIO DOS ARQUÉTIPOS

Após selecionar os arquétipos que melhor refletem a cultura desejada para sua organização, o próximo passo é transformar essas diretrizes em valores organizacionais específicos. Esses valores funcionam como pilares que orientam decisões, comportamentos e prioridades na empresa, garantindo que a cultura planejada seja vivida no dia a dia. Nós também usaremos os valores no modelo de gestão que vamos cobrir no Método do Octógono.

A conexão entre os arquétipos escolhidos e os valores definidos é essencial para que a cultura seja clara, prática e inspiradora para todos os colaboradores. O primeiro passo é traduzir os arquétipos em comportamentos tangíveis. Por exemplo, se o arquétipo de Autoridade foi escolhido, um valor relacionado pode ser uma palavra ou frase que o resuma: "Coragem para liderar com ousadia" ou "Decisões firmes e rápidas". Já no caso do arquétipo Cuidado, os valores podem incluir conceitos como "Empatia em todas as interações" ou "Trabalho em equipe acima de tudo". Esses valores devem ser escritos de maneira simples, clara e direta, destacando os comportamentos específicos que se espera dos colaboradores e líderes.

Em seguida, é importante alinhar os valores com os objetivos estratégicos da organização. Isso significa que os valores devem não apenas refletir os arquétipos escolhidos mas também apoiar a visão e o propósito da empresa. Por exemplo, uma organização que escolheu o arquétipo Propósito como central pode ter valores como "Fazer a diferença em todas as ações" ou "Impacto positivo como norte". Esses valores ajudam a conectar os colaboradores com a missão maior da empresa, criando um senso de pertencimento e inspiração.

Por fim, para garantir que os valores sejam internalizados, é essencial comunicá-los de maneira consistente e aplicá-los em todos os aspectos do negócio. Eles devem ser incorporados ao processo de recrutamento, treinamento, reconhecimento e tomada de decisão. Por exemplo, ao contratar um novo colaborador, pergunte-se: "Essa pessoa compartilha nossos valores de acolhimento e empatia?". Ou, ao promover um funcionário, avalie se ele vive os valores organizacionais no dia a dia. Valores bem definidos não são apenas palavras na parede; são um reflexo vivo dos arquétipos escolhidos e a base para construir uma cultura organizacional sólida e sustentável. Vamos falar disso nos capítulos 5 e 6, sobre liderança e times.

A seguir, coloco alguns bons exemplos de valores corporativos para servirem de referência e exemplos para você.

NUBANK[47]

- **Queremos que os clientes nos amem fanaticamente:** Esse valor mostra a obsessão pelo cliente como um dos principais pilares da empresa. Mais do que satisfazer, o Nubank quer encantar, gerar conexão emocional e fidelidade profunda com seus usuários.

- **Somos famintos e desafiamos o "sistema", o *statu quo*:** A cultura do Nubank é movida pela inconformidade e pela sede de mudança. Eles buscam romper modelos tradicionais e burocráticos do setor financeiro, inovando constantemente.

- **Temos mentalidade de dono:** Esse valor reforça o senso de responsabilidade, autonomia e protagonismo. Cada pessoa na empresa é incentivada a pensar como dona do negócio, cuidando dos recursos, das decisões e do impacto gerado.

---

47 FALA, NUBANK! Disponível em: https://blog.nubank.com.br/. Acesso em: 9 abr. 2025.

- **Construímos times fortes e diversos:** O Nubank acredita que diversidade e força coletiva são essenciais para criar soluções mais inovadoras e representativas. A inclusão está no centro da formação dos times.

- **Buscamos a eficiência inteligente:** Aqui, o foco é trabalhar com eficiência e sem desperdícios, mas de maneira inteligente, estratégica e sustentável – evitando excessos ou rigidez burocrática.

STONE[48]

- **Ter espírito de dono nos faz conquistar a liberdade:** Esse valor destaca a importância da responsabilidade individual, do protagonismo e da mentalidade de dono. Na cultura da Stone, cada pessoa deve agir como se fosse dona do negócio, tomando decisões conscientes e buscando sempre o melhor resultado com autonomia.

- **Faça. Feito é melhor que perfeito, mas não pode ser algo malfeito:** Reflete uma cultura voltada para a ação e a execução com qualidade. O foco está em colocar as ideias em prática com agilidade, mas sem abrir mão do cuidado com o resultado. É o famoso "agir com coragem", mas com atenção ao impacto.

- **Agir com simplicidade. Seja rápido, faça direito e com eficiência:** A Stone valoriza a transparência, a objetividade e o pragmatismo. Nada de enrolação: a simplicidade e a eficiência são princípios fundamentais para tomar decisões e executar com clareza.

- **Se você quer ir rápido, vá sozinho. Se quer ir longe, trabalhe em equipe:** Esse valor reforça a colaboração, o espírito de equipe e a importância das conexões humanas no ambiente de trabalho. Na Stone, o time vem antes do ego.

---

48 SAIBA tudo sobre a Stone aqui. **Stone,** 14 out. 2022. Disponível em: https://blog.stone.com.br/quem-e-a-stone/. Acesso em: 9 abr. 2025.

• **O cliente tem sempre a razão. É a razão:** O cliente está no centro da cultura da Stone. Esse valor reforça a obsessão pelo cliente, orientando todas as decisões e atitudes a partir do que gera valor para ele.

MOVILE[49]

• **Ética:** Fazemos tudo pautado em padrões éticos. Somos responsáveis e agimos sempre da maneira mais certa – e não da mais fácil. A integridade é inegociável.

• **Meritocracia:** Aplicamos meritocracia diariamente com as pessoas de alto potencial e que entregam grandes resultados. O reconhecimento está diretamente ligado ao desempenho e à entrega que acelera nosso sonho grande.

• **Resultado:** Somos obcecados(as) por resultados grandiosos. Celebramos cada grande entrega porque sabemos que impacto real vem de metas ousadas e execução eficiente.

• **Inovação:** Nosso ambiente é aberto e incentivamos a inovação. Estamos sempre buscando soluções ágeis, assumindo riscos, saindo da zona de conforto e aprendendo com os erros. Errar rápido faz parte do processo de acerto.

• **Foco no cliente:** Colocamos o cliente no centro de todas as decisões. Entendemos que ele é a razão da existência de nossos produtos e serviços.

• **Gente:** Queremos atrair e formar os melhores times – pessoas que amam desafios e valorizam a diversidade. Acreditamos que um time diverso é mais criativo, mais forte e mais preparado para o futuro.

Agora que passamos pela importância de se construir uma cultura organizacional forte e uma empresa com um propósito inspirador, vamos entender que tipo de liderança mais se destaca nos dias atuais para sustentar os valores, a missão e estratégia dos negócios.

---

49 Informações retiradas do material interno da Movile sobre a cultura da empresa.

CAPÍTULO 5

LÍDER MENTOR: LIDERANDO PELO EXEMPLO E PELA INFLUÊNCIA

A cultura organizacional pode ser comparada com várias outras entidades para ilustrarmos melhor o que ela é e como ela funciona. Mencionando mais uma vez os ensinamentos da Luciana Carvalho em suas aulas, ela comenta sobre a similaridade com as religiões:

> A cultura organizacional, assim como uma religião, é sustentada por pilares que promovem coesão, alinhamento e propósito entre os membros de uma comunidade. Em ambos os contextos, existe uma fé compartilhada, ou seja, uma crença nos valores e na missão que guiam comportamentos e decisões. Assim como em uma religião, onde os fiéis acreditam em um conjunto de ensinamentos e princípios, os colaboradores de uma empresa se alinham a uma visão comum, confiando que sua contribuição individual reforça um propósito maior. Essa fé é o que mantém a organização unida, sobretudo em momentos de dificuldade, sendo o alicerce para decisões estratégicas e ações coletivas. Outro elemento em comum são os rituais claros que reforçam a identidade da comunidade. Religiões possuem celebrações, orações e práticas que conectam seus seguidores; as empresas, por sua vez, têm reuniões, cerimônias de reconhecimento, treinamentos e eventos corporativos que reafirmam seus valores e normas. Esses rituais criam um senso de pertencimento e continuidade, estabelecendo "o jeito de agir" que deve ser seguido pelos colaboradores. Eles servem como lembretes constantes da cultura, reforçando comportamentos desejáveis e moldando a experiência dos colaboradores em todos os níveis da organização.

O papel do líder, nesse contexto, é ser o evangelizador dessa "religião" chamada cultura organizacional. Assim como líderes religiosos inspiram seus seguidores vivendo os valores que pregam, o líder corporativo deve liderar pelo exemplo, incorporando os valores e princípios da empresa em cada ação.

Em uma das aulas de liderança e cultura que promovi, convidei um grande amigo, César Massaioli, empresário de sucesso no mundo da publicidade, para assisti-la como ouvinte. Depois de estudar os casos de sucesso da Movile que ensinamos em Stanford e Harvard, ele implementou o "TRATO" e reinventou a agência fundada por seu pai, Guilherme Massaioli, há mais de cinquenta anos. No final da aula, eu pedi a opinião do César, e ele disse:

> Aqui em nossa empresa [Portal Publicidade] eu falo para os líderes serem como padres, pastores, freiras do TRATO [acrônimo formado pelos valores: Time, Reconhecimento, Autonomia, Transformação e Operação]. Nas igrejas, os pregadores fazem seu sermão aos domingos. As pessoas ouvem, entendem a direção e se propõem a seguir a "religião". Durante a semana, normalmente eles fazem algumas coisas que não estão 100% alinhadas com a pregação. Seu papel é ir de novo, pregar tudo outra vez, trazer as pessoas para a direção correta. Isso é um trabalho sem fim, mas que, se feito com disciplina, amadurece a cultura da sua empresa.

Um líder que não vive os valores perde credibilidade e enfraquece a cultura que deveria proteger. Por meio de ações consistentes e de uma comunicação clara, o líder promove o senso de certo e errado, mostrando à equipe o caminho para alcançar os objetivos organizacionais de maneira alinhada com os princípios que todos compartilham. Assim, ele se torna o farol que guia a organização, transformando a cultura em uma força viva e autêntica.

Se você é a pessoa que fundou a empresa e definiu os arquétipos e valores dela, pode-se considerar o criador da "religião" de sua empresa, além da função de evangelizador. Seguindo com essa comparação, gostaria de fazer um exercício mental com você: o que os fiéis pensam do criador da religião que eles seguem e também do principal líder?

Primeiro, imaginamos que as pessoas admiram essa pessoa, certo? Elas investem tempo em ouvir o que essa figura tem a dizer. Há um interesse em absorver a mensagem e buscar aplicar isso no dia a dia. Na empresa não é diferente. Os funcionários observam atentamente as atitudes e mensagens que a liderança passa, muitas vezes até copiam seu modo de falar, vestir, agir e até mesmo se posicionar. Aqui entra um ponto extremamente importante na vida do líder: liderar pelo exemplo. Quando você está nessa posição de destaque, entenda que as pessoas que trabalham ao seu redor observam suas ações, e isso desenrola uma série de consequências para o dia a dia delas. Em muitos casos, empresas gastam milhões em criar programas de cultura lindos, que são arruinados diante de uma simples atitude de seus líderes.

Vamos a alguns exemplos para ilustrar o tema.

AS MESAS FEITAS DE PORTAS NA AMAZON

A gigante estadunidense de e-commerce Amazon é uma empresa que atua em um mercado de margens apertadíssimas. Seu fundador, Jeff Bezos, diz que seus clientes sempre vão querer seus produtos entregues no tempo mais curto possível e o mais barato possível. Para atender seus clientes, Bezos criou uma cultura organizacional que suporta sua estratégia de negócio. Todos na Amazon são focados em controlar custos seguindo um de seus valores corporativos:[50] frugalidade. Por exemplo, você não deve carregar o celular na tomada elétrica da empresa, não há refrigerantes grátis na copa e, além de outros rituais e fatos interessantes que moldam essa cultura, as mesas de trabalho são feitas de portas reaproveitadas, que foram jogadas fora por seus donos. Se você chega no escritório do fundador, a mesa dele é feita de uma porta reutilizada.

Mas será que a empresa não teria dinheiro para comprar mesas melhores para os funcionários trabalharem? A resposta é sim, claro que teria. Porém, se fizessem isso, Bezos perderia uma boa chance de evangelizar seus seguidores sobre a importância de controlar custos em uma empresa de e-commerce com margens apertadas.

CEO VOANDO DE CLASSE ECONÔMICA

Eu fui CEO da Wavy, empresa de mensageria por SMS do grupo Movile, de agosto de 2018 até quando me desliguei da Sinch, empresa que comprou

---

50 LEADERSHIP principles. **Amazon**, 1 out. 2020. Disponível em: https://assets.aboutamazon. com/bc/83/6707031f4dbdbe3d4118b0f05737/amazon-leadership-principles-10012020.pdf. Acesso em: 9 abr. 2025.

nossa operação, em dezembro de 2022. Um dos pontos fortes da nossa cultura e um dos valores mais importantes era o foco em resultados, em que todas as nossas empresas tinham de ter uma meta de EBITDA.[51] Para negócios mais maduros, o EBITDA tinha de ser positivo, indicando uma operação lucrativa e saudável financeiramente; se o negócio ainda estava em formação, o EBITDA poderia ser negativo, mas sempre com um compromisso de até onde poderíamos gastar para fazer o negócio crescer. Com isso, controlar custos sempre foi algo muito forte em nossa empresa. Falávamos que todos deveriam cuidar do dinheiro da empresa como se fosse o próprio patrimônio.

Diante desse cenário, uma atitude normal de um líder é reforçar políticas de corte de custos e ser firme nas reuniões de resultados quando gastamos mais do que o planejado. Contudo, eu ia além dessas ações táticas. Eu tinha de viajar uma vez por mês dos Estados Unidos, onde eu morava, para visitar nossas operações no Brasil. Eu planejava essas viagens com, pelo menos, seis meses de antecedência, comprando passagens aéreas com melhores preços. Além disso, fazia questão de não voar de classe executiva. Nas conversas de cafezinho as pessoas me perguntavam: "Como foi a viagem, Edu?", e eu respondia: "Já me acostumei a vir na classe econômica, já tenho meu ritual e consigo descansar um pouco. O bom é que economizo dinheiro da empresa". Além disso, normalmente eu ficava hospedado na casa de amigos que me recebiam para manter o papo em dia e matar a saudade. Quando precisava ficar em hotéis, normalmente eu ficava no Ibis Budget do Morumbi, onde eu podia inclusive ir e voltar a pé sem precisar gastar com transporte até o escritório. Tudo isso era comentado nos bastidores da empresa, nos happy hours, no cafezinho.

Certa vez, a Movile promoveu um grande programa de trainees para a atração e a contratação de novos talentos para o grupo. Colocamos os cerca de trinta contratados no Ibis Budget para a primeira semana de acolhimento

---

51 EBITDA é a sigla em inglês para *Earnings Before Interest, Taxes, Depreciation and Amortization* – em português, "Lucros antes de Juros, Impostos, Depreciação e Amortização". Trata-se de um indicador financeiro usado para medir o desempenho operacional de uma empresa, desconsiderando efeitos financeiros e contábeis que não estão diretamente ligados à sua atividade principal.

e treinamento. No meio da semana, uma das pessoas procurou alguém do RH para reclamar do nível do hotel oferecido no programa. Nossa funcionária explicou que o CEO da empresa ficava no mesmo hotel e contou as histórias que citei há pouco, explicando a importância que o controle de custos tinha para nosso negócio e, consequentemente, para nossa cultura. Essa pessoa não chegou a terminar a primeira semana, e eu reforcei para o time de RH o quanto viver nossa cultura é fundamental para filtrar pessoas que não vão se enquadrar nela.

Obviamente, o ideal era que isso tivesse ficado claro antes mesmo de definirmos os finalistas, mas, como nem tudo é perfeito no mundo corporativo, considero uma vitória que meus exemplos mostraram para essa pessoa que nossa empresa não era adequada para os comportamentos dela.

O CEO QUE TRANSFORMOU SEUS HÁBITOS, ALINHANDO-OS COM A CULTURA DA EMPRESA

Se você visitar o Instagram do Rodrigo Barros, CEO da Boali, há um post onde ele mostra fotos sobre sua transformação. Ele pegou duas imagens em momentos diferentes, em ambas ele segurava a ferramenta de limpar piscinas na mesma posição. De um lado, mostra-se ele com sobrepeso aparente, com seu corpo com claros sinais de gordura excedente. Do outro, ele está com muito mais músculos, muito menos gordura corporal, e aparentava ter perdido muito peso no geral.

Ao assumir como CEO da companhia de alimentação saudável, Rodrigo entendeu que precisava mudar seus hábitos para conseguir liderar seu time e seu negócio criando uma cultura consistente. Passou a estudar e colocar em prática várias metodologias e atividades que mudaram completamente seu corpo e sua mente. Mais adiante vamos falar de algumas dessas técnicas que eu discuti e testei com ele, mas por ora quero falar do impacto desse processo na liderança que o Rodrigo exerceu em seu time.

Em nenhum momento ele criou regras ou políticas que obrigavam os funcionários a terem uma vida saudável para trabalhar na empresa. No entanto, observando seu exemplo, muitos funcionários passaram a ter uma vida mais balanceada, mais saudável e principalmente mais inspiradora. Um dos exemplos marcantes que ele conta em suas palestras é de uma funcionária que era obesa, fumante, sedentária e que tinha uma performance profissional adequada no que ela fazia. Observando os hábitos e o exemplo do Rodrigo, ela se matriculou em uma academia, perdeu 40 quilos, parou de fumar e passou a ser, para a cultura da empresa, um exemplo do poder que uma alimentação saudável e hábitos saudáveis podem fazer com as pessoas.

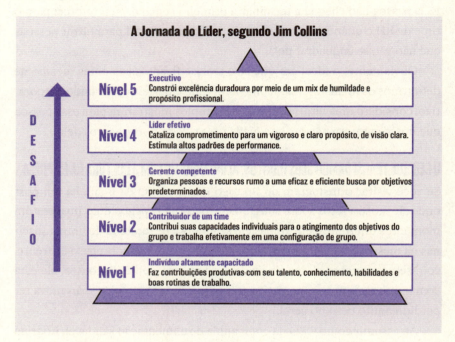

Esse conceito de liderar pelo exemplo é muito importante na Jornada do Líder, conforme proposta por Jim Collins,[52] um dos autores mais consagrados de administração de empresas. Ele apresenta uma evolução em cinco níveis, destacando como um líder pode crescer de um indivíduo altamente capacitado para um executivo transformador. Essa trajetória evidencia o papel do líder mentor como um conselheiro que prepara o ambiente para seus liderados prosperarem. Cada nível da pirâmide traz competências e responsabilidades que o líder deve desenvolver para alcançar excelência e inspirar seu time.

---

52 COLLINS, J. **Good to Great:** Why Some Companies Make the Leap... And Others Don't. New York: HarperBusiness, 2001.

O **nível 1** se refere ao **indivíduo altamente capacitado**, que contribui por meio de seu talento, com habilidades e boas práticas de trabalho. Aqui, o foco é na entrega pessoal, formando a base para todas as futuras competências de liderança. No entanto, essa etapa ainda não envolve diretamente a orientação de outros, mas sim a construção de uma base sólida de conhecimento técnico e disciplina.

No **nível 2**, o líder se torna um **contribuidor de um time**, colaborando efetivamente com os colegas para alcançar objetivos comuns. Nessa fase, o líder começa a compreender a importância de criar um ambiente colaborativo e aprende a integrar suas habilidades individuais ao esforço coletivo. É um passo crucial para construir empatia e fomentar relacionamentos de confiança.

O **nível 3** é o do **gerente competente**, em que o foco passa a ser organizar pessoas e recursos para alcançar metas predeterminadas de maneira eficiente e eficaz. O líder mentor emerge aqui ao delegar tarefas, fornecer feedback construtivo e criar um ambiente onde os liderados possam desenvolver suas habilidades, sem microgerenciamento, mas com orientação clara e apoio.

No **nível 4**, o líder evolui para um **líder efetivo**, sendo capaz de catalisar o comprometimento dos liderados por meio de uma visão inspiradora. Esse é o momento em que o líder mentor brilha ao instigar altos padrões de performance, incentivar a autonomia e desenvolver continuamente as capacidades de seu time. Ele promove confiança, oferece orientação estratégica e cria um ambiente de inovação e segurança psicológica.

Finalmente, no **nível 5**, o líder se torna um **executivo**, alguém que constrói uma excelência duradoura com uma combinação de humildade e propósito. Esse nível é o ápice da liderança, em que o mentor se torna dispensável, deixando um legado de equipes autônomas e altamente capacitadas, prontas para prosperar mesmo sem sua presença direta. O papel do líder mentor nesse caso é ser um guia estratégico, com foco em servir à organização e ao time, garantindo sustentabilidade e impacto duradouro.

Essa jornada reflete como o líder deve continuamente moldar o ambiente, apoiar o desenvolvimento individual e coletivo e ser um exemplo de humildade, visão e compromisso.

Um dos maiores desafios na vida de uma pessoa que empreende é conseguir sair do papel de empreendedora e chegar ao papel de executiva. Leva tempo para construir confiança, aprender a delegar ensinando o que sabe para as camadas inferiores no organograma e perder o medo de contratar pessoas melhores que você em suas funções. Seu papel como líder mentor não é operar a máquina empresarial, e sim montar a máquina, dando condições para que seus liderados prosperem. O líder mentor atinge o sucesso quando ele é substituível, quando sua equipe tem todos os recursos, incentivos e alinhamentos para atuarem sem necessitar de você. Nesse momento você estará pronto para novos desafios.

Até o ano de 2016, considero que cheguei ao nível 3 com certa eficiência. Aprendi a gerenciar um time de umas vinte pessoas, com três ou quatro pessoas reportando-se diretamente a mim. Sabia gerenciar recursos e acompanhar o atingimento das metas, conseguia fazer um planejamento anual, sabia usar ferramentas que me ajudavam a controlar as pendências e prioridades de cada pessoa do time. Nessa época, participei de um programa transformador chamado Top Talent, promovido pelo time de RH da Movile. Esse programa tinha como foco o desenvolvimento de líderes, enfatizando a importância de sermos mais estratégicos para assumirmos responsabilidades maiores. Tínhamos de aprender a delegar mais, acompanhar o desenvolvimento da equipe e pensar mais em médio e longo prazo com ações mais estratégicas.

Em uma das sessões, o time de RH reforçou muito a importância de passarmos a fazer reuniões semanais com cada talento que respondia diretamente para nós. Nessas reuniões, deveríamos nos colocar à disposição dos funcionários para resolver os problemas deles, pedindo feedbacks sobre meu trabalho, e uma vez por mês deveríamos falar somente da carreira deles.

Inicialmente, resisti à ideia. A primeira coisa que me veio à cabeça foi: "Se eu ficar perdendo tempo nessas reuniões, não vou ter tempo para trabalhar!". Naquela mesma semana, em uma conversa com um grande amigo, Eider Oliveira, engenheiro sênior de software no Google, minha perspectiva mudou completamente. Eu comecei a reclamar para ele sobre a proposta do RH que me faria perder performance e tempo. Ele me explicou que o verdadeiro trabalho de um líder é criar um ambiente onde a equipe possa prosperar e que essas reuniões eram essenciais para entender os desafios e as aspirações de cada membro da equipe. Ele falou: "O meu trabalho é dar boas condições para minha equipe trabalhar!".

Esse chacoalhão foi um divisor de águas, levando-me a adotar uma abordagem mais empática e atenta aos membros do time, de modo que eu deixasse de ser o centro das atenções em meu trabalho. Era o começo de uma longa jornada rumo ao nível 4 proposto por Collings.

DICAS PRÁTICAS DA LIDERANÇA MODERNA

Agora que você já teve acesso a boas referências, modelos inspiradores e exemplos concretos, vou listar a seguir algumas dicas que podem ajudar você no caminho para ser um líder mentor. Baseei-me em alguns pontos publicados pela StartSe nas redes sociais.[53]

Abra caminhos para o time evoluir com mais eficiência e independência

Um bom líder age como um facilitador, removendo barreiras que podem impedir a equipe de avançar. Normalmente, você terá mais experiência para resolver muitos problemas que sua equipe está enfrentando. Em vez de resolver por eles, seja um mentor no processo de resolução. Sente junto, suje a mão de graxa se for preciso para ensinar as mecânicas que você conhece aos seus liderados. Faça isso ao identificar gargalos, priorizar recursos e oferecer apoio onde ele for mais necessário. Esteja presente para ouvir os desafios do time e trabalhe proativamente para resolvê-los, assegurando que todos tenham clareza sobre o rumo e os objetivos.

Outro ponto importante: os líderes normalmente têm mais acesso a mais informações estratégicas e relevantes da organização. Em empresas maiores, os líderes sabem como transitar melhor e influenciar outras áreas da empresa. Seja um facilitador do seu time usando esses poderes para ajudá-los.

---

53 Instagram: startseoficial. Disponível em: www.instagram.com/startseoficial/. Acesso em: 9 abr. 2025.

Lidere pelo exemplo e não hesite em colocar a mão na massa

Como já falamos, entenda que todos na empresa estão observando atentamente suas atitudes. Um líder inspirador não apenas delega mas também mostra como fazer. Esteja disposto a "sujar as mãos" e participar das tarefas, principalmente em momentos críticos – mas tenha cuidado com a forma como você faz isso. Tenha em mente que isso não significa microgerenciamento, mas sim demonstrar comprometimento e engajamento com o trabalho do time, criando respeito mútuo. Mostre que vocês jogam juntos no mesmo time para o que der e vier.

Seja uma referência de estabilidade durante períodos turbulentos

Em tempos de crise, mudança e incerteza, o líder deve ser um ponto de referência estável. Transmita confiança, mantenha a calma e ofereça uma visão clara no longo prazo para navegar pelas transformações. Estabeleça uma comunicação consistente para que sua equipe se sinta segura, mesmo diante de desafios complexos. Enfrente as crises com conversas adultas, claras e brutalmente transparentes e honestas.

Celebre pequenas vitórias para transformar grandes objetivos

Divida grandes metas em pequenas conquistas e reconheça os esforços da equipe ao longo do caminho. Isso cria motivação e reforça que cada passo dado aproxima o time de algo maior. Use celebrações como momentos de aprendizado e inspiração. Ao fazer nosso planejamento estratégico anual, nós tínhamos grandes garrafas de champanhe com o rótulo escrito com nossas grandes metas. Também fazíamos garrafas menores com as submetas que nos levariam ao sucesso anual. Toda vez que alguma dessas metas eram batidas, fazíamos o ritual marcando o atingimento daquele resultado. Além disso, reconheça publicamente as conquistas dos membros de sua equipe, elogiando em alto e bom tom quem faz a diferença.

Combata o medo e incentive uma cultura onde o erro é sinônimo de aprendizado

Incentive sua equipe a experimentar novas ideias, aceitando erros como parte do aprendizado. Promova um ambiente onde falhar de maneira inteligente não é motivo de repreensão, mas uma oportunidade de crescimento. Isso incentiva a criatividade e a inovação contínua. Utilize frases como "O que aprendemos com isso? O que vamos mudar para isso não se repetir?", pois elas vão ajudar a criar essa rotina de melhoria.

Promova um compromisso incondicional com os clientes

Para crescer, uma empresa precisa resolver o problema dos clientes com um produto ou serviço. Sem clientes que geram receita de alguma maneira, não há viabilidade da empresa. Portanto, ajude sua equipe a entender que o trabalho tem de ter um impacto direto na vida dos clientes. Crie uma cultura na qual todos sintam o dever de entregar valor ao cliente, reforçando o impacto positivo do que fazem. Muitas equipes gastam muita energia focando seus esforços nos próprios desejos, ideias, planos, sem investir tempo para conhecer profundamente os clientes. Você, como líder, deve estar próximo aos clientes, mais uma vez liderando pelo exemplo. Lembro-me da palestra que Roberto Lima, ex-CEO da Vivo, deu para líderes de nossa empresa: ele contou que uma vez por mês passava a tarde ouvindo gravações das ligações dos clientes que ligavam para reclamar da operadora.

Cultive transparência brutal e conflitos produtivos

Construa um ambiente de transparência, onde as pessoas se sintam à vontade para discutir problemas sem medo ou melindres. Conflitos produtivos, quando bem geridos, podem gerar soluções criativas e fortalecer o espírito de equipe. Feedbacks bem dados e construtivos são uma bênção se levados a sério. Entretanto, saber dar feedback não é trivial; é preciso entender bem o outro lado, montar uma estratégia, saber como vai conseguir influenciar melhor o colega com aquela crítica ou sugestão. Normalmente, um bom feedback é feito de maneira privada, pedindo abertura para dar aquela opinião construtiva.

Desenvolva protagonistas com espírito de dono

"Eu trabalho pra vocês, não são vocês que trabalham pra mim." Reforcei essa frase em várias reuniões com as equipes que eu liderei. Coloque seus funcionários como protagonistas que farão a diferença na história da empresa e incentive a autonomia e a iniciativa no time. Reconheça aqueles que demonstram comportamento empreendedor e crie condições para que cada membro assuma a responsabilidade por suas decisões e resultados, fortalecendo o senso de pertencimento. Para reforçar ainda mais isso, pense em modelos em que os funcionários que estão alinhados no longo prazo tenham participação na empresa. Programas de Opções de Ações (Stock Options) ou similares podem ser instrumentos importantes para alinhar o interesse de todos, a fim de criar valor no longo prazo.

Agora que você já entende melhor seu papel como um líder mentor, aquele que usa o giz e a lousa ao invés do chicote para conseguir seus objetivos, vamos trocar ideias de como montar um time dos sonhos, criando um ambiente para eles performarem em alto nível.

CAPÍTULO 6
TIMES DE ALTA PERFORMANCE

Eu amo o esporte. Acompanho sempre que posso e me inspiro tentando aprender lições que podem influenciar de modo positivo a vida corporativa. Conceitos como resiliência, trabalho em equipe, superação de limites, viradas de jogo durante crises – tudo isso nos ensina lições infinitas que podem ser aplicadas em nossas empresas.

Uma das histórias mais fascinantes que estudei foi da formação do Dream Team de basquete estadunidense, quando, pela primeira vez na história, jogadores profissionais foram colocados para disputar as Olimpíadas de Barcelona, em 1992.

Os primeiros dez jogadores foram anunciados em 21 de setembro de 1991, incluindo Michael Jordan, Scottie Pippen, Magic Johnson, Larry Bird, Karl Malone e Charles Barkley. Cada um deles estava no auge da carreira ou já havia consolidado um legado impressionante. No entanto, a seleção do time foi fundamentada não apenas em habilidade técnica mas também na relevância histórica, no alinhamento cultural com a filosofia do time e no impacto no basquete.

A composição final do time foi definida em maio de 1992, com a escolha de Clyde Drexler para a última vaga profissional, deixando de fora o polêmico Isaiah Thomas, apesar de suas qualificações. Thomas liderou seu time, o Detroit Pistons, no título da National Basketball Association (NBA) de 1990 e ajudou a criar a fama de *bad boys* para o time – que, para muitos especialistas, jogou de maneira excessivamente violenta a semifinal contra o Chicago Bulls, da estrela Michael Jordan. Isso criou uma tensão pública entre esses jogadores. O técnico achou que Thomas atrapalharia a harmonia do time, mesmo com seu talento indiscutível.

Além disso, em respeito ao sistema anterior, que valorizava jogadores universitários, Christian Laettner, da Duke University, foi incluído como representante do basquete universitário.

O contexto dos jogadores trouxe histórias poderosas para o time. Magic Johnson, que havia se aposentado do Los Angeles Lakers em 1991 após testar positivo para o HIV, viu sua seleção como forma de provar que poderia viver uma vida produtiva, desafiando os estigmas associados à doença. Enquanto isso, nomes como Jordan, Ewing e Mullin trouxeram a experiência de já terem conquistado medalhas de ouro nos jogos de 1984, ao passo que Karl Malone via, em sua não seleção em 1984, uma motivação para se superar em 1992. Mesmo enfrentando problemas nas costas, Larry Bird foi selecionado pela importância histórica de sua presença no que se tornaria o maior time de basquete já montado.

O time não era apenas um grupo de estrelas individuais, mas uma coleção de lendas que simbolizavam a excelência no basquete. Liderados por Bird e Johnson como cocapitães, o Dream Team personificava o espírito competitivo e colaborativo do esporte. Ao longo dos treze anos anteriores às Olimpíadas de 1992, esses três líderes juntos conquistaram dez campeonatos da NBA, sete prêmios de Most Valuable Player (MVP) das finais e nove de MVP da temporada regular. Sua trajetória e suas conquistas foram um testemunho de talento como também de resiliência e trabalho em equipe, fundamentos que qualquer líder ou equipe de alta performance deveria buscar replicar.

Você pode pensar: "Com tanto talento sobrando, era só colocá-los na quadra e ninguém conseguiria vencê-los". É aí que você se engana...

Para preparar o time, o técnico Chuck Daly montou um grupo dos melhores jogadores universitários da Associação Atlética Universitária Nacional (NCAA) para treinar contra eles. A seleção incluiu jogadores cujos estilos de jogo se assemelhavam aos dos adversários europeus que o time enfrentaria. Em junho de 1992, o Dream Team se reuniu pela primeira vez em La Jolla, Califórnia, impressionando os jogadores universitários que observavam os treinos. Contudo, no dia 24 de junho, o inesperado aconteceu: o Dream Team perdeu para o time universitário por 62 a 54. Apesar de terem subestimado seus oponentes, a derrota foi intencionalmente facilitada pelo técnico Chuck Daly, que reduziu o tempo de jogo de Michael Jordan e fez substituições propositadamente equivocadas no time. Mike Krzyzewski, assistente técnico da equipe, mais tarde revelou que Daly "entregou o jogo" para ensinar ao Dream Team uma importante lição: eles poderiam ser

82 Inquietação empreendedora

derrotados. Essa estratégia pedagógica visava reforçar a importância do foco e da humildade, mesmo em um time repleto de lendas.

No dia seguinte, os dois times se enfrentaram novamente, e o Dream Team mostrou sua verdadeira força, vencendo de maneira convincente. As estrelas – que muito provavelmente tinham cinco dos dez maiores jogadores de todos os tempos – entenderam que, se não jogassem juntos pelo time, não ganhariam a medalha de ouro. A disputa de egos entre Michael Jordan, Magic Johnson e Larry Bird se transformou em união rumo ao objetivo único, e todos concordaram que Jordan era o principal jogador do time, ao passo que Bird e Johnson tinham o papel de capitães.

Liderar um time de alta performance não é somente juntar as melhores pessoas alinhadas com sua cultura e seus objetivos: é criar o ambiente certo, com os incentivos e as motivações adequados para que o trabalho aconteça. Assim como vimos nessa história, o esporte pode nos trazer muitas lições para o mundo corporativo. Na Movile, nós passamos a convidar muitos grandes ex-atletas para palestrar e nos contar histórias de bastidores válidas para nosso contexto. Tivemos o privilégio de ouvir Guga Kuerten, tenista ex-número 1 do mundo; Nalbert, ex-capitão da seleção brasileira de vôlei; Bernardinho, técnico supercampeão de vôlei; entre vários outros. Recomendo altamente essa prática.

Ao longo dos meus anos liderando equipes e observando histórias da criação de grandes equipes esportivas, eu poderia resumir as etapas da criação no diagrama a seguir. Vamos falar um pouco sobre cada uma delas a partir de agora.

MONTANDO TIMES CAMPEÕES: TUDO COMEÇA ATRAINDO OS SÓCIOS CORRETOS

As startups começam com o trabalho individual de seus fundadores, e aqui vem um desafio importante: saber escolher quem vai ser sócio do empreendimento. Para mim, é fundamental você deixar claro nesse processo quais seus objetivos, sonhos, planos de longo prazo e, principalmente, a forma como pretende atuar. Imagine que você queira fazer uma empresa que não seja tão grande, que não passe de dez funcionários, que dê uma renda mensal de 20 mil reais para cada sócio que possa trabalhar com flexibilidade, vinte horas por semana e pouca pressão. Enquanto isso, seus sócios desejam criar uma empresa grande, focada em crescimento, com investidores, chegando a mais de cem funcionários. Claramente, há um desalinhamento de planos aqui. Pode parecer bobagem, mas eu já vi inúmeras empresas que deram errado porque o básico estava desalinhado.

Outro ponto: é muito importante que haja admiração e respeito profissional mútuos entre os participantes. O ideal é que os sócios se complementem com habilidades diferentes. Um dos exemplos de que mais gosto, de quando ainda estava estudando na Unicamp, foi a formação da empresa de tecnologia Ci&T, hoje uma gigante com capital aberto na Nasdaq, valendo cerca de 1 bilhão de dólares. Seus fundadores – César Gon, Bruno Guiçardi e Fernando Matt – eram pra mim um excelente exemplo de profissionais que se complementavam muito bem. Fernando assumiu o financeiro da empresa, apesar de seus conhecimentos técnicos de computação. Bruno era o líder técnico, cuidando das entregas dos projetos de tecnologia. César se destacava como o principal líder visionário da empresa, ajudando a vender projetos para os clientes e mostrando a direção da empresa para todos.

Outro exemplo muito interessante vem do fundo de investimentos para empresas iniciantes Antler Brasil. Liderada por Marcelo Ciampolini, eles convidam líderes que atuam no mercado corporativo e que tem o sonho de empreender para passar três meses imersos em um programa de formação de empreendedores, inclusive pagando uma ajuda de custo para os participantes que precisam deixar seus empregos a fim de atuar na jornada. Durante o programa, a Antler promove intensas atividades

84 Inquietação empreendedora

entre os participantes, com a finalidade de encontrar os sócios ideais para os empreendimentos. A seleção dos participantes também ajuda nisso: eles trazem perfis diversos e complementares para aumentar as chances de sucesso na montagem dos times. Depois disso, a equipe passa a trabalhar na construção de seu protótipo (o já mencionado MPV), de modo que atraia os primeiros investidores para o negócio. Gostei tanto desse modelo que acabei investindo no fundo para estar próximo desse ecossistema.

Com os sócios corretos, é importante alinhar também a função, a dedicação e a remuneração que todos terão ao longo da jornada. Aqui fica também uma dica importante sobre remuneração: é fundamental que os empreendedores saibam separar o que é dinheiro da companhia e o que é dinheiro pessoal. Estabeleça um salário, pró-labore, distribuição de dividendos claros entre os sócios, e seja disciplinado com isso. Muita empresa quebra por conta dessa falta de controle.

Para uma empresa crescer, é fundamental que haja dedicação e o máximo de investimento possível por parte dos sócios. Com isso, procure tirar a menor quantidade de dinheiro possível do caixa da empresa com seu salário. Cada centavo que vai para seu bolso para fins particulares é um centavo a menos do que é investido na empresa. Investidores gostam de empreendedores que estão apostando todas as fichas no negócio. A partir do momento que a empresa se torna lucrativa, mostra crescimento, você pode aumentar sua remuneração sem comprometer o potencial do empreendimento. É preciso também combinar isso com os sócios, pois muitas vezes a completa falta de recursos torna o ambiente familiar insustentável para os sócios continuarem performando na empresa.

APRENDENDO A CONTAR COM QUEM PODE SER MELHOR DO QUE VOCÊ

O indicador mais claro de que você está fazendo um bom trabalho como líder é você se tornar dispensável, com pessoas melhores do que você trabalhando juntas e alinhadas a uma visão, com os incentivos corretos e o ambiente preparado para a alta performance. No entanto, um dos maiores desafios enfrentados pelos empreendedores é a tentação de centralizar todas as decisões e tarefas, acreditando que ninguém pode fazer o trabalho tão bem quanto eles. Esse comportamento, muitas vezes alimentado pelo que eu apelidei de complexo de Super-Homem/Mulher-Maravilha, não é apenas exaustivo mas também contraproducente. A centralização excessiva impede o crescimento sustentável do negócio e sobrecarrega o líder, tornando-o um gargalo para a operação e limitando o potencial de inovação e escala da empresa. Inclusive isso atrapalha a atração de gente boa.

Empreendedores, muitas vezes, sentem que precisam "vestir a capa" e resolver todos os problemas sozinhos. No início da jornada, isso pode até ser necessário, pois os recursos são escassos e as estruturas ainda estão sendo construídas. Contudo, à medida que o negócio cresce, essa postura se torna um entrave. Insistir em controlar cada detalhe não só mina a confiança do time como também impede que os talentos da equipe floresçam. Um líder que centraliza decisões é como um funil: todo o fluxo depende de um único ponto, reduzindo a eficiência e a agilidade da organização.

Além disso, a centralização cria uma cultura de dependência, em que os colaboradores deixam de tomar iniciativas e se tornam meros executores de ordens. Isso sufoca a inovação e limita a capacidade da empresa de se adaptar rápido às mudanças do mercado. Equipes que não têm autonomia para experimentar e errar dificilmente desenvolvem a mentalidade de aprendizado contínuo e inovação, tão necessárias no cenário empresarial atual. Empreendedores que delegam e confiam em seus times promovem um ambiente de colaboração, onde os erros são encarados como oportunidades de aprendizado, e não como falhas inaceitáveis.

A chave para superar o complexo de Super-Homem/Mulher-Maravilha está na construção de uma cultura organizacional embasada na confiança e no empoderamento. Líderes devem aprender a delegar não apenas tarefas mas também responsabilidades estratégicas, criando mecanismos claros para acompanhar os resultados sem sufocar o time. Treinamento, alinhamento de valores e comunicação aberta são ferramentas essenciais nesse processo. Quando os empreendedores deixam de lado a necessidade de controle absoluto, eles descobrem que o verdadeiro poder não está em fazer tudo sozinhos, mas em capacitar outros a realizar um trabalho excelente. Portanto, é essencial que os empreendedores reflitam sobre o impacto da centralização nos resultados de longo prazo. Delegar não é sinal de fraqueza, mas de sabedoria. Um líder que sabe construir e confiar em um time competente pode focar o que realmente importa: a visão e o crescimento estratégico da empresa. Ao abandonar a ideia de ser um super-herói, o empreendedor se torna um verdadeiro catalisador de mudanças, abrindo caminho para um futuro de inovação e sucesso compartilhado.

Em uma palestra durante um evento de planejamento estratégico da Movile, Jorge Paulo Lemann falou que passava mais de 50% do seu tempo entrevistando gente. Ele trabalhava como evangelista da cultura da empresa dele, buscando seguidores que tinham um alinhamento com a cultura que eles pregavam.

Um erro comum que vejo muitos empreendedores cometerem é procurar gente só quando há necessidade de preenchimento de uma vaga. Seu papel como líder é sempre procurar gente boa, mesmo quando não precisa. Participe de eventos de seu setor, fale com concorrentes, constantemente entreviste gente de todas as áreas. Além disso, cuidado ao contratar sempre gente que pensa e age como você. O ideal é contratar gente diferente, complementar, com contextos diferentes, mas que estejam alinhados com os valores da empresa.

TRAZENDO GENTE MELHOR DO QUE NÓS NO MUNDO DOS SMARTPHONES

Em 2010, vimos uma explosão de crescimento no mundo dos smartphones na América Latina. Com o surgimento do iPhone, em 2007, e o aparecimento do Android para concorrer com a Apple, a América Latina foi inundada desses aparelhos. Nós, que vendíamos conteúdo via mensagens de texto (SMS), *ringtones* e imagens de papel de parede para os celulares antigos, precisávamos desesperadamente reinventar nosso negócio para essa nova realidade. Como vocês podem ver a seguir, em um dos slides que usei na aula para o MBA de Stanford sobre nossa história, um produto de aulas de português por SMS teria de se transformar em um aplicativo. Acontece que absolutamente tudo era diferente para fazer essa adaptação: layout, design de produto, tecnologia, marketing, modelo de negócio, parcerias. A notícia ruim é que pouca gente na empresa sabia tecnicamente executar tudo isso no mundo novo.

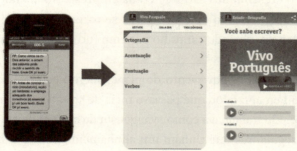

- Migrar de produtos de Feature Phones para Smartphones
- Exemplo: mLearning de SMS para Apps

Naquele momento, começamos uma busca por gente melhor do que nós no mundo dos smartphones. Além disso, buscamos talentos mais experientes em áreas como finanças e RH. Nessa procura, conhecemos o famoso Breno Masi, fundador de uma das primeiras empresas que faziam desenvolvimento de aplicativos para o iPhone, chamada Fingertips. Conhecido no mundo dos hackers como Macmasi, Breno foi a primeira pessoa no mundo a desbloquear o iPhone 3S para poder ser usado em qualquer operadora. Fanático pela Apple, o nerd ex-hacker virou empreendedor pioneiro no mundo dos aplicativos de smartphones. Depois de muitas conversas, Breno decidiu se juntar à nossa empresa para atuar como gerente de produto da área de inovação. Depois de mais de 12 anos, hoje ainda é um dos executivos do grupo, atuando como vice-presidente de produto do iFood.

Na mesma época, estávamos em busca de um líder de design para mudar completamente a experiência que os clientes teriam em nossos experimentos, desenvolvendo os primeiros aplicativos para smartphones. Em um evento no consulado brasileiro em São Francisco, promovido pelo querido embaixador Eduardo Prisco Ramos e pelo cônsul Juliano Pinto, conhecemos Everaldo Coelho, brasileiro que trabalhava como designer da Apple, tendo desenhado a nuvem que é o ícone do produto iCloud. Contando nossos planos de dominação global no mundo de aplicativos e, em meio a um jantar comendo caranguejos e falando sobre a rivalidade entre Star Wars e Star Trek em um restaurante em Palo Alto, Everaldo decidiu também se juntar ao time.

Outra história marcante foi a contratação do Alex Leão, empreendedor fundador da EmotionCard e ilustrador da personagem Galinha Pintadinha. Na época, nós tínhamos conseguido validar que um aplicativo de vídeos para crianças tinha potencial para se tornar um negócio de verdade. Com orçamento de apenas 3 mil dólares para redesenhar o aplicativo, contratamos Alex como consultor. Ele desenhou os primeiros rascunhos do que veio a se tornar o PlayKids, aplicativo com maior receita na loja da Apple na categoria Kids no mundo todo. Depois da consultoria, Alex viria trabalhar para a empresa por mais de dez anos.

Com o crescimento da empresa e a migração para o mundo dos smartphones, precisávamos investir na estruturação de um time forte de RH por meio da criação de processos e programas para a área de gente da empresa, seguindo a mesma linha de atrair os melhores talentos possíveis em áreas que não conhecíamos profundamente. Foi nesse momento que trouxemos a Cecilia Lanat, ex-McKinsey, como diretora da área de RH. Cecília, por sua vez, começou a montar um time forte de pessoas; entre elas, a Luciana Carvalho, ex-Ambev, que acabou se tornando sua sucessora depois de alguns anos no papel de CHRO do grupo.

Esses exemplos mostram que, seja no papel de consultores, seja no papel de novos funcionários, trazer gente boa é fundamental para que você consiga escalar seu negócio, e você deve investir tempo para encontrar, encantar e convencer essas pessoas a seguirem seu propósito.

ALINHAMENTO: SEJA PRECAVIDO PARA AVALIAR CULTURA NAS CONTRATAÇÕES E DEMITA RÁPIDO QUANDO ERRAR

Alinhamento cultural é algo inegociável em uma empresa de cultura forte. As pessoas podem vir de contextos diferentes, com talentos complementares, podem até vir de países e realidades diversas, porém todos devem rezar a cartilha dos valores da empresa igualmente. Pensem no exemplo de uma empresa que preza pelo trabalho em grupo, onde a colaboração entre áreas e pessoas é fundamental para o que os fundadores e líderes almejam como propósito e sonho da organização. Agora imagine uma pessoa com formação acadêmica indiscutível, formada em uma universidade de ponta com notas excelentes, com disposição para trabalhar mais de 44 horas semanais, com habilidade de falar quatro idiomas e com experiência internacional por já ter vivido em três países diferentes. Aparentemente estamos diante de uma excelente candidata, correto? Até que alguém no processo seletivo tem a ideia de pedir para a pessoa contar um exemplo de problema que conseguiu resolver trabalhando em equipe, solicitando o contato de uma das pessoas que participaram desse projeto para ouvirmos o relato dessa testemunha. Nesse exemplo, a pessoa talentosíssima não consegue uma resposta convincente e tampouco cita uma referência sólida de alguém para comprovar a história.

Aqui temos claramente uma situação de uma excelente profissional que não está alinhada com a cultura da empresa. Ela vai se dar superbem em culturas que reforçam o trabalho independente, individual.

Pensem em uma entrevista para uma pessoa de vendas. Reforçamos que, em nossa cultura, foco nas metas e nos resultados é algo extremamente importante. Você pergunta ao candidato o que ele faria na seguinte situação: todos estão tensos na empresa com a pressão para bater a meta anual, que vai disparar o pagamento de um bom bônus para o time todo. O candidato está negociando um projeto que vai fazer o time bater a meta. O principal influenciador nisso, sem escrúpulos, passa ao vendedor a informação de que, se houver alguma forma de ajudá-lo a comprar um carro para seu filho que acaba de fazer 18 anos, o projeto estará garantido para a empresa. O candidato, tentando impressionar e mostrando seu compromisso com o foco em resultado importantíssimo para a empresa, responde que fecharia o projeto custe o que custar, visto que bater meta é com ele mesmo.

O que ele não sabe é que, na cultura da empresa, ética também é um valor absolutamente inegociável. A pergunta não visava avaliar o foco do vendedor em bater metas, mas sim medir a ética dele em um momento de possível corrupção. Em uma empresa que não tem ética como um valor forte, esse vendedor provavelmente teria um bom alinhamento cultural. Para a empresa da entrevista, é uma evidência clara para eliminar o candidato.

Você e seus líderes precisam montar processos, perguntas e dinâmicas que consigam extrair das pessoas candidatas as respostas que indicam o alinhamento ou não com a cultura de sua empresa. Isso é um processo contínuo que precisa de constante aperfeiçoamento; e tenha certeza de que erros acontecerão.

Certa vez, precisávamos contratar uma pessoa para liderar toda a estratégia de conteúdo global para a PlayKids. Encontramos uma pessoa que trabalhava como gestora de projetos em uma das maiores plataformas de streaming do mundo. Depois de entrevistada por umas cinco pessoas, fizemos a proposta, e a pessoa aceitou. Depois de três meses, tivemos de tomar a decisão de desligá-la por um gigantesco desalinhamento cultural. Apesar de ter sido protagonista em grandes projetos em uma empresa grande, era muito inexperiente em gerir profissionais de maneira remota, não conseguia estar alinhada com seu gestor e também com outras áreas. Claramente a pessoa era fantástica para tocar grandes projetos, com recursos definidos, sem necessidade de alinhamento com pares e superiores. Em uma cultura empreendedora, de alta colaboração, constante mudança e liberdade para mudar a rota constantemente, os conflitos se tornaram insustentáveis.

Essa experiência foi muito traumática para nós, mas principalmente para a pessoa, que deixou a carreira sólida em uma empresa de renome para acreditar em nosso sonho. Todo mundo saiu perdendo.

Portanto, seja cauteloso na avaliação cultural, demore o quanto precisar para ter a certeza de que a decisão de contratar é a correta. Tenha respeito também pelo tempo e dedicação da pessoa. Processos que passam de quatro ou cinco entrevistas podem passar uma imagem de desrespeito aos candidatos. Ache o balanço correto, sempre pedindo feedbacks para as pessoas candidatas.

ALTAS EXPECTATIVAS E O EFEITO PIGMALEÃO

Originado da mitologia grega, o "Efeito Pigmaleão"[54] é um conceito da psicologia que demonstra como as expectativas que os líderes têm em relação aos seus liderados podem influenciar diretamente o desempenho e o comportamento deles (já falamos desse efeito no capítulo 3, lembra?). Em um contexto de liderança, o Efeito Pigmaleão mostra que, ao acreditar no potencial dos membros da equipe e demonstrar essa confiança, o líder pode inspirar melhorias significativas na performance individual e coletiva. A essência do Efeito Pigmaleão está no poder das expectativas positivas. Quando um líder estabelece altas expectativas e comunica essa confiança, os colaboradores tendem a internalizar essas crenças, ajustando suas ações e resultados para atender ou até superar o esperado. Esse fenômeno ocorre porque as pessoas frequentemente moldam seu comportamento com base na forma como são percebidas e tratadas.

Isso impacta a liderança em diversas formas:

- **Inspiração e motivação:** Líderes que acreditam no potencial de suas equipes conseguem criar um ambiente motivador, no qual os colaboradores se sentem valorizados e confiantes para explorar novas possibilidades e superar desafios.

- **Feedback positivo e desempenho:** Expectativas altas, quando acompanhadas de feedback construtivo, proporcionam um ciclo virtuoso de melhoria. Os líderes mostram caminhos, dão suporte e celebram os progressos, reforçando a autoconfiança dos liderados.

- **Transformação de potencial em resultados:** Muitos colaboradores desconhecem o próprio potencial ou têm dúvidas sobre suas capacidades. Líderes que utilizam o Efeito Pigmaleão desbloqueiam esse potencial oculto, ajudando os membros do time a se tornarem versões melhores de si mesmos.

---

54 KLEINA, O. *op. cit.*

Mas atenção! Expectativas irreais ou comunicadas de maneira impositiva podem gerar pressão excessiva, ansiedade e até desmotivação. Da mesma forma, líderes que subestimam suas equipes criam um efeito contrário, conhecido como Efeito Golem,[55] no qual expectativas baixas resultam em desempenho igualmente baixo.

AVALIAR: COMO MEDIR O ALINHAMENTO CULTURAL DE SEUS TALENTOS

A cada seis meses, nós fazíamos as avaliações que mediam a adesão aos nossos valores na empresa. Esse processo começou sendo anual e depois mudou para semestral conforme fomos amadurecendo. Para cada valor, nós definimos exatamente os comportamentos que esperávamos de cada colaborador, e todos podiam avaliar com notas de 1 a 5 cada um deles. Depois disso, tínhamos uma nota final por valor.

Por exemplo, ao avaliar o valor "Gente" (éramos uma empresa muito focada em atrair, reter, formar e desenvolver as melhores pessoas), descrevemos os seguintes comportamentos:

- É embaixador(a) da cultura, participando das iniciativas institucionais, engajando seu time e sendo referência para outros(as).
- Constrói times de alta performance, ajudando a encontrar e desenvolver talentos.
- Preocupa-se com o próprio desenvolvimento, buscando por Plano de Desenvolvimento Individual (PDI), *one-on-one*, feedbacks, mentorias e treinamentos.
- Respeita nossa diversidade, proporcionando um ambiente onde as pessoas possam ser elas mesmas e estando aberto(a) para diferentes perfis e ideias.
- Sabe trabalhar em equipe, promovendo um bom clima, ouvindo opiniões e quebrando silos.

Para o valor "Foco em Resultados", estes eram os pontos esperados:

---

55 *Ibidem.*

- Tem uma visão macro dos negócios e da sua área, sabendo conectar nossos números à estratégia de maneira analítica.
- É determinado(a) em superar suas metas, tendo controle dos indicadores e das prioridades.
- Age como dono(a) do negócio, sendo responsável por suas atitudes.
- É ambicioso(a) e sonha grande, buscando ir além no que faz e se espelhando nos(as) melhores.
- Sabe lidar com pressão, se adaptando rapidamente aos novos cenários, mantendo a barra alta e entregando acima das expectativas.

Esse processo foi amadurecendo ao longo dos anos. Inserimos a possibilidade de os subordinados também avaliarem de maneira confidencial seus gestores, com os resultados das avaliações indo para a liderança dos gestores diretos. Montamos também comitês de calibração entre líderes para garantir que os critérios e as notas eram coerentes em diferentes equipes. Ao final desse processo, é possível tabular os resultados e aplicar a Matriz de Pessoas, de Jack Welch (ex-CEO da GE e famoso administrador de empresas) para tomada de decisões em relação ao desenvolvimento das equipes. Vamos ver isso a seguir.

A MATRIZ DE PESSOAS, DE JACK WELCH[56]

Essa metodologia é uma ferramenta poderosa para avaliação de desempenho e gestão de talentos em empresas, ajudando a identificar e classificar colaboradores com base em dois critérios fundamentais: alinhamento com os valores da organização e entrega de resultados, ou seja, entrega de metas.

A matriz é composta de quatro quadrantes, que cruzam os eixos de "alinhamento com os valores da empresa" e "entrega dos resultados esperados", como mostrado a seguir.[57]

---

56 WELCH, J.; WELCH, S. **Paixão por vencer**: os segredos e práticas da gestão que leva ao sucesso. Rio de Janeiro: Campus, 2005.

57 ENDEAVOR. *op. cit.*

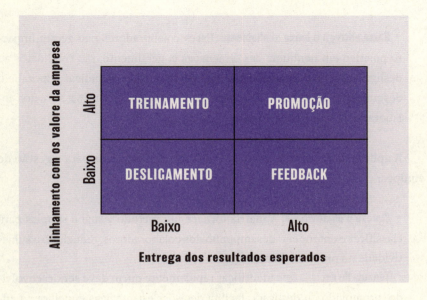

Os quadrantes são definidos da seguinte forma:

• **Alta entrega e alto alinhamento:** Esses são os talentos que combinam desempenho excepcional com valores alinhados à cultura da empresa. Essas pessoas devem ser promovidas e desenvolvidas, pois são essenciais para o sucesso e a liderança futura. Normalmente, 20% a 30% dos colaboradores ficam nesse quadrante.

• **Alta entrega, baixo alinhamento:** São os colaboradores que entregam resultados impressionantes, mas não compartilham ou seguem os valores da organização. Embora sejam produtivos no curto prazo, podem criar um ambiente tóxico no longo prazo. O feedback deve ser claro e objetivo, focando o alinhamento cultural; se isso não melhorar, o desligamento pode ser necessário. De 10% a 20% dos colaboradores entram nesse quesito.

• **Baixa entrega, alto alinhamento:** Pessoas que compartilham os valores da empresa, mas não alcançam os resultados esperados. Esses indivíduos devem ser treinados e desenvolvidos, pois com apoio e direcionamento podem atingir melhores desempenhos. De 20% a 30% dos colaboradores se encaixam nessa definição.

- **Baixa entrega e baixo alinhamento:** Esses colaboradores não geram impacto positivo em nenhuma das dimensões e, geralmente, são candidatos ao desligamento. A permanência dessas pessoas pode prejudicar a moral e o desempenho do restante da equipe. Aproximadamente 10% a 20% dos colaboradores se enquadram aqui.

A aplicação da matriz oferece benefícios significativos para a gestão de equipes:

- **Clareza e objetividade:** A matriz fornece um método visual e simples para classificar e entender o desempenho dos colaboradores, reduzindo a subjetividade no processo de avaliação.
- **Tomada de decisão ágil:** Identificar rapidamente quem deve ser desenvolvido, promovido ou desligado facilita decisões estratégicas e melhora a eficiência organizacional.
- **Fortalecimento da cultura organizacional:** Ao priorizar o alinhamento com os valores da empresa, a matriz incentiva um ambiente onde comportamentos alinhados à cultura são reconhecidos e valorizados.
- **Gestão de talentos:** A ferramenta auxilia no planejamento sucessório, garantindo que os melhores talentos sejam preparados para assumir posições de liderança.

Embora poderosa, a matriz de pessoas exige cautela para ser aplicada com eficácia. É crucial que os líderes avaliem de maneira justa e transparente, evitando julgamentos apressados. Os comitês entre áreas são ações importantes para evitar esse tipo de problema. O feedback constante também é fundamental para ajudar os colaboradores a entenderem sua posição e trabalharem em melhorias.

Existem também outros processos que, quando são medidos, podem dar pistas importantes sobre o que está acontecendo na cultura organizacional. São eles: pesquisa de clima organizacional, medir tempo de casa dos colaboradores, entrevistas de desligamento, dados de Turnover (percentual de pessoas que pedem demissão), dados do site Glassdoor, entre outros processos.

DESENVOLVER PESSOAS É CONSTRUIR LEGADOS

Liderar não é controlar tarefas, é transformar pessoas. Com o tempo – e com muitos erros –, aprendi que o sucesso de um time não vem de processos perfeitos nem de sistemas impecáveis. Ele nasce de uma liderança que sabe investir em gente. Em competências. Em propósito. E principalmente: em potencial de quem está alinhado com sua cultura e com a criação de valor de longo prazo.

A Matriz de Competência versus Vontade,[58] apresentada por Max Landsberg, é uma ferramenta para guiar esse investimento. De um lado, temos a vontade – esse combustível invisível que impulsiona a ação, nascido do desejo de alcançar metas, do propósito claro, do senso de contribuição. Eu também incluo em vontade uma avaliação de alinhamento cultural. Em geral, pessoas mais alinhadas culturalmente apresentam mais efetividade em terem vontade de impactar a organização. Do outro, há a competência – construída com experiência, treinamento e domínio técnico da função.

Quando cruzamos esses dois eixos, surgem quatro perfis claros:

• **Baixa competência e baixa vontade:** Precisam de direcionamento firme e supervisão constante.

• **Alta vontade e baixa competência:** Exigem tempo, mentoria e espaço para aprender errando.

• **Alta competência e baixa vontade:** O desafio nesse caso é despertar motivação, propósito, clareza de impacto.

• **Alta competência e alta vontade:** Essas pessoas não precisam de chefes, precisam de autonomia e confiança.

Seu papel como líder é ajudar as pessoas a evoluírem de quadrante, dia após dia. Investir nas pessoas é mais do que treinar – é ler o que elas precisam.

---

58 LANDSBERG, M. **O Tao do coaching**: como aumentar sua eficácia no trabalho inspirando e desenvolvendo as pessoas ao seu redor. São Paulo: Makron Books, 1998.

Capacitação não é só oferecer cursos ou *playbooks*. É criar um ambiente de crescimento constante. É entender em que estágio da curva de aprendizado cada pessoa está. Às vezes, alguém tem a habilidade técnica, mas está desmotivado – seja por problemas pessoais, falhas de comunicação ou por se sentir desconectado do propósito. Nesse caso, não adianta insistir em treinamento técnico. O líder precisa atuar como restaurador de sentido. Precisa ouvir, acolher e resgatar a energia de quem ficou pelo caminho. É aquele olhar do líder para o CPF, e não o CNPJ que a pessoa representa.

Por outro lado, há quem chegue com brilho nos olhos, mas pouca experiência. E o que essa pessoa mais precisa não é cobrança, é guiança paciente. Ajude-a a transformar vontade em capacidade. Dê feedback rápido, celebre os avanços, mostre que os tropeços fazem parte da jornada. O grande segredo da performance está aí: não tratar todos de maneira igual, mas de maneira justa – oferecendo o que cada um precisa para evoluir. Tive a sorte de ter trabalhado com o Flávio Stecca, hoje CTO (executivo responsável pela área de tecnologia da empresa) do iFood. Ele é quem investiu em minha capacitação como gestor e me transformou em um executivo, inclusive me dando a chance de fazer o Stanford Executive Program (SEP) durante seis semanas. Para mim, ele é um grande exemplo de líder que desenvolve seus talentos.

TIMES DE ALTA PERFORMANCE SE CONSTROEM COLETIVAMENTE

O que vale para o indivíduo também vale para o grupo. Um líder que quer resultados exponenciais precisa investir na capacidade coletiva da equipe. E isso significa criar espaço para o time aprender junto. Invista tempo em rituais de troca de conhecimento, sessões de feedback cruzado, reuniões de aprendizado pós-projeto. Incentive as pessoas a compartilhar o que sabem, ensinar umas às outras. Times que aprendem juntos criam uma cultura de melhoria contínua – e quando isso acontece, a performance vira consequência. Mas atenção: desenvolver o grupo não é buscar uniformidade. O papel do líder não é padronizar pessoas, é orquestrar singularidades. Ao investir no desenvolvimento contínuo de cada pessoa – com clareza do que motiva, fortalece e inspira –, você faz mais do que liderar um time. Você forma líderes. Assim, cria-se uma cultura na qual cada um quer crescer, não por obrigação, mas por acreditar que ali está sendo visto, reconhecido e desafiado no melhor de si.

E quando isso acontece, a performance deixa de ser meta para virar identidade.

O MAIOR ERRO DO LÍDER É TENTAR CORRIGIR FRAQUEZAS

Um especialista em liderança chamado Marcus Buckingham afirma em *Primeiro, quebre todas as regras,*[59] livro que escreveu com Curt Coffman, que os líderes mais eficazes não desperdiçam energia tentando transformar as fraquezas das pessoas em forças. Em vez disso, eles dobram a aposta nos talentos naturais de cada indivíduo. Eu me lembro de uma entrevista[60] em que os jogadores de futebol Romário e Ronaldo Fenômeno falavam dos métodos antigos de treinamento, quando eles eram forçados a fazer treinos longos de corrida de resistência. Ronaldo fala que odiava aquilo e conta da evolução que o futebol teve recentemente, criando treinamentos específicos. No caso dele, os treinos passaram a ser de velocidade e explosão, potencializando suas maiores qualidades como atacante.

Esse raciocínio é reforçado por dados de um estudo feito pelo Instituto Gallup, citados no livro *Descubra seus pontos fortes*, de Marcus Buckingham e Donald Clifton,[61] que pesquisou mais de 1 milhão de profissionais e concluiu que pessoas que trabalham focadas em seus pontos fortes:

- são 6 vezes mais engajadas;
- são 3 vezes mais propensas a relatar excelente qualidade de vida;
- têm maior performance e produtividade.

Isso não significa ignorar fraquezas, e sim não fazer delas o centro de sua gestão.

---

59 BUCKINGHAM, M.; COFFMAN, C. **Primeiro, quebre todas as regras**: o que os maiores gerentes do mundo fazem diferente. Rio de Janeiro: Sextante, 2001.

60 RONALDO – de cara com o cara #2. [*S. l.: s. n.*], 2025. 1 vídeo (65 min). Publicado pelo canal Romário TV. Disponível em: www.youtube.com/watch?v=dx8LSSNfvG8. Acesso em: 9 abr. 2025.

61 BUCKINGHAM, M.; CLIFTON, D. **Descubra seus pontos fortes**. Rio de Janeiro: Sextante, 2002.

OS VILÕES DA PERFORMANCE: O QUE BLOQUEIA O SUCESSO

Durante o processo de construção de um time de alta performance, líderes enfrentam armadilhas que podem comprometer o sucesso da equipe. Entre os principais "vilões", destacam-se:

- **Centralização excessiva:** A crença de que "só eu faço bem-feito" impede o desenvolvimento de autonomia nos liderados.
- **Falta de comunicação clara:** Líderes que não compartilham informações ou evitam conversas difíceis criam ambientes de insegurança e incerteza.
- **Medo de delegar:** A necessidade de aprovar tudo leva à paralisia das decisões e desestimula a inovação.
- **Baixa tolerância ao erro:** Culturas que não aceitam falhas sufocam a criatividade e impedem o aprendizado.

Vou passar a seguir algumas ferramentas e rituais práticos que vão ajudar você a lidar com esses desafios em seu dia a dia:

- **Reuniões semanais de alinhamento:** Podem ser usadas para discutir prioridades, expectativas e resultados.
- **Feedback regular:** Elogios em público e críticas construtivas no privado criam um ciclo de aprendizado contínuo.
- **Avaliações formais:** Revisões anuais (ou duas vezes ao ano) para discutir desenvolvimento, valores e objetivos futuros. Use uma das reuniões semanais por mês para falar da carreira, sobre como a pessoa está indo rumo à avaliação anual.
- **Gestão de Key Performance Indicators (KPIs):** Monitorar indicadores-chave e ajustar estratégias com base em dados. Veremos isso melhor no capítulo 7, sobre modelo de gestão.
- **Diversidade e comunicação:** Líderes eficazes entendem a importância da diversidade – não apenas de gênero, raça ou classe social mas também de ideias e perspectivas. Equipes diversificadas, compostas de indivíduos com habilidades complementares, tendem a ser mais inovadoras e resilientes. Além disso, a comunicação aberta é essencial para alinhar expectativas, resolver problemas e construir um ambiente de segurança psicológica.

O líder de alta performance é, acima de tudo, um facilitador. Seu papel é remover barreiras, desbloquear o potencial do time e criar um ambiente onde as pessoas se sintam seguras para assumir riscos e buscar inovação. Como disse Bernardinho,[62] técnico supercampeão da seleção brasileira de vôlei masculino: "A vontade de se preparar tem que ser maior do que a vontade de vencer" – o preparo constante cria a confiança necessária para superar desafios reais. Liderar um time de alta performance é uma jornada de aprendizado contínuo, tanto para o líder quanto para a equipe. Minha sócia Marcela Martins fala sobre o tema em suas aulas, citando Jim Rohn:[63] "Ou você diminui seus sonhos ou aumenta suas habilidades". O caminho para resultados extraordinários começa com a decisão de crescer como líder, inspirar pelo exemplo e nunca se contentar com o *statu quo*.

Todo esse processo passa, inevitavelmente, por decisões difíceis relacionadas às pessoas. Muitas vezes, o vínculo emocional ou histórico com os membros da equipe pode obscurecer a avaliação crítica sobre o impacto e a eficácia de cada um. Temos de refletir sobre como as narrativas emocionais – como "Fulano é como se fosse da família" ou "Essa pessoa está conosco desde o começo" – podem dificultar a construção de uma equipe verdadeiramente alinhada aos objetivos estratégicos e preparada para sustentar o crescimento.

Marshall Goldsmith nos traz a famosa frase:[64] "O que te trouxe até aqui talvez não será o que o levará adiante". Isso é especialmente relevante no contexto de times de alta performance, pois o que funciona em uma etapa inicial do negócio pode não ser o suficiente para as demandas de um mercado em expansão, novas tecnologias ou mudanças estratégicas. O processo de evolução organizacional exige uma avaliação constante e realista de quem são as pessoas certas para cada fase da empresa.

---

62 "A VONTADE de se preparar tem de ser maior que a vontade de vencer" Bernardinho #motivação. [*S. l.: s. n.*], 2023. 1 vídeo (1 min). Publicado pelo canal Sandro Eckermann Corretor de Imóveis. Disponível em: www.youtube.com/watch?v=13WeY4cXTCo. Acesso em: 9 abr. 2025.

63 Frase atribuída a Jim Rohn em palestras e compilações de citações motivacionais. (Atribuição informal, sem fonte publicada confirmada.)

64 GOLDSMITH, M. **O que te trouxe até aqui não te levará até lá**: como pessoas bem-sucedidas se tornam ainda mais bem-sucedidas. Rio de Janeiro: Ediouro, 2007.

Em startups e empresas em rápido crescimento, os primeiros membros da equipe geralmente assumem múltiplos papéis, baseando-se em laços de confiança e camaradagem. No entanto, à medida que a organização cresce, essas mesmas pessoas podem precisar de novas habilidades, mentoria ou até substituições, dependendo das exigências do momento. Reconhecer essa necessidade não significa descartar laços emocionais, mas entender que o sucesso da empresa deve sempre estar no centro das decisões.

Embora a decisão de ajustar os times seja desafiadora, líderes eficazes encontram um equilíbrio entre empatia e pragmatismo. Eles reconhecem as contribuições passadas, oferecem oportunidades de desenvolvimento e, quando necessário, fazem as mudanças necessárias para sustentar o crescimento. Muitos empreendedores com quem converso se mostram frustrados com os sócios que trouxeram para o negócio. É comum eu ouvir relatos como "Ele era um bom sócio no começo da empresa, mas não conseguiu se desenvolver como líder. Agora parece que a empresa toda carrega o peso de ter um sócio que ganha um alto salário e que não entrega os resultados esperados". Minha pergunta provocativa é: "Se essa pessoa não fosse sócia da empresa, ela ainda estaria nessa função com esse salário?". Normalmente, a resposta frustrada é "Não!".

Algumas pessoas podem ter dificuldade em separar a função de sócio da função executiva. Um executivo que não entrega resultados e que não mostra mais alinhamento com a cultura da empresa deve ser desligado. Assim como falamos na matriz de Jack Welch, um sócio que não entrega resultados merece feedbacks duros, merece investimento em capacitação e, caso não se desenvolva ou não atinja os patamares esperados pela empresa, ele deve ser desligado da função executiva. Isso não tem nada a ver com o fato de ele ou ela serem sócios-fundadores. Eles podem continuar no quadro societário, podem continuar recebendo os benefícios e as obrigações de sócios, podem inclusive receber dividendos caso a empresa tenha essa prática, mas podem não trabalhar na empresa como executivos.

Em 2008, em uma grande crise que enfrentamos, tivemos de cortar 30% de nossos funcionários; entre eles, três sócios foram desligados de suas funções executivas. Eles se mantiveram na função de acionistas e, consequentemente, ganharam muito dinheiro vendendo suas ações para nossos investidores nas rodadas de captação que fizemos. No final, foi bom pra eles e para a valorização da empresa que eles deixassem de atuar.

Não acho que essas conversas serão fáceis, mas aconselho fortemente você a pensar racionalmente no que é melhor para o negócio. Se você e seus sócios tiverem humildade para serem racionais colocando a empresa na frente dos interesses pessoais, há uma grande chance de vocês tomarem decisões importantes para o amadurecimento da companhia. Um time que vê uma decisão dura como essa ser tomada vai performar melhor, mais alinhado, mais motivado a defender os interesses do negócio.

Isso tudo é um chamado para que você, líder, olhe além das narrativas emocionais e seja corajoso ao tomar decisões que sustentem o futuro da empresa. Manter o foco em pessoas certas nos momentos certos é o caminho para construir times de alta performance que evoluam com o negócio e preparar a organização para os desafios que estão por vir.

Agora que você já sabe como ser um líder mentor mais inspirador que atrai, forma, desenvolve e inspira pessoas melhores do que você, vamos falar de aspectos práticos de gestão. Isso vai lhe ajudar muito a comunicar bem a estratégia e a execução com seus times.

CAPÍTULO 7
MODELO DE GESTÃO:
A BASE PARA O SUCESSO ORGANIZACIONAL

Um modelo de gestão é a espinha dorsal que sustenta o funcionamento de uma organização. Seguindo a Curva de Greiner de que falamos no capítulo 3, depois que a empresa conseguiu construir seu produto/serviço, começou a vender e estruturou as primeiras equipes, é hora de ir para a Fase 4, focando em coordenação e gestão. É aí que entra o modelo de gestão.

Ele define o conjunto de práticas, processos, valores e ferramentas que orientam líderes e equipes na busca por resultados consistentes e sustentáveis. Em essência, é o mecanismo que transforma visão e propósito em ações concretas, conectando estratégia e cultura à execução e ao reconhecimento. O conceito de modelo de gestão vai muito além de processos burocráticos ou organogramas. Ele envolve uma abordagem sistêmica que permeia toda a organização, desde a formulação de intenções estratégicas até a avaliação de performance individual e coletiva. Um modelo bem implementado cria alinhamento, proporciona clareza e fomenta uma cultura de excelência, incentivando tanto a inovação quanto a eficiência operacional.

No mundo dos negócios, histórias de sucesso frequentemente se vinculam a modelos de gestão robustos e bem estruturados. Mais do que um conjunto de ferramentas, o modelo de gestão é um guia prático para lidar com os desafios diários, gerenciar recursos limitados e alcançar objetivos ambiciosos. Neste capítulo, vamos explorar como construir e implementar um modelo de gestão eficaz, abordando desde os princípios fundamentais até as melhores práticas para manter sua empresa no caminho do crescimento e da sustentabilidade.

O QUE É UM MODELO DE GESTÃO E POR QUE ELE É CRUCIAL PARA SEU SUCESSO

Um modelo de gestão eficaz é o alicerce para o sucesso de qualquer organização. Ele proporciona clareza estratégica, direciona as ações da equipe e cria um ambiente de alta performance. No caso do iFood, um dos maiores exemplos de crescimento acelerado no Brasil, a implementação do modelo de gestão foi considerada o ponto de virada em que a Movile mais agregou à empresa.

Muito do que vou falar aqui eu aprendi com meus amigos Victor Báez e Youssif Abichabki, que, como mencionado antes, são sócios da Heartman House,[65] que acompanha todas as empresas do grupo no processo de planejamento estratégico desde 2008. Um dos grandes segredos do nosso sucesso foi ter a disciplina em executar essa metodologia com excelência. Em conversas com o Youssif, ele me contou que a metodologia evoluiu muito, incorporou e se adaptou a conceitos de OKRs[66] para ajudar na execução dos planos de ação e principais objetivos do negócio. Aqui vou usar a nomenclatura que praticamos quando eu ainda era CEO da Wavy.

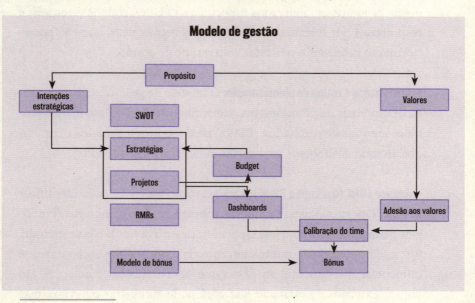

---

65 HEARTMAN HOUSE. *op. cit.*

66 Objectives and Key Results: metodologia que acompanha objetivos e indicadores-chave do negócio.

ELEMENTOS FUNDAMENTAIS DO MODELO DE GESTÃO

• **Propósito e valores:** Como já falamos antes, o propósito da empresa é a alma dela. Ele deve ser inspirador, duradouro e refletir o impacto que a organização deseja ter no mundo. Por exemplo, na Movile, o propósito era "melhorar a vida de 1 bilhão de pessoas por meio de tecnologias". Os valores são a base da cultura organizacional. Eles guiam as decisões e o comportamento da equipe. Um exemplo de valores da Movile era o acrônimo FIRME: **F**oco no cliente, **I**novação, **R**esultados, **M**eritocracia e **É**tica. Esses valores foram incorporados no dia a dia da empresa, desde o processo de recrutamento até as avaliações de desempenho.

• **Intenções estratégicas:** As intenções estratégicas definem o caminho macro da organização para os próximos um a dois anos. Elas devem ser tangíveis e mensuráveis, como aumentar o EBITDA em X% ou lançar novos produtos em mercados específicos. O CEO, com os diretores, é responsável por formular essas intenções estratégicas, que são posteriormente validadas e refinadas com o time de gestão.

• **Governança e rotina de planejamento:** O modelo de gestão exige uma rotina disciplinada de planejamento, execução e avaliação. Isso incluía reuniões mensais de resultados (RMRs) para monitorar projetos e resultados, usando dashboards para medir indicadores-chave (KPIs).

• **Análise FOFA (em inglês SWOT):** Um exercício essencial para identificar **F**orças, **O**portunidades, **F**raquezas e **A**meaças da organização (em inglês **S**trenghts, **W**eaknesses, **O**pportunities e **T**hreats). Nesse método, forças e fraquezas são pontos internos da empresa que você consegue influenciar diretamente, ao passo que oportunidades e ameaças são pontos externos do mercado que você pode aproveitar ou evitar, mas sobre os quais não tem controle. Por exemplo, um mercado altamente regulado pelo governo e com constantes mudanças pode ser considerado uma **ameaça** para determinado produto ou serviço, pois é algo externo e fora do controle da empresa. Um time com pouco conhecimento em tecnologia pode ser um ponto **fraco** de uma empresa, visto que é algo interno a ser encarado. O surgimento de novas ferramentas tecnológicas de inteligência artificial pode ser uma **oportunidade** para alavancar os negócios da empresa, e é algo externo. Um enorme conhecimento técnico na área de atuação pode ser um ponto **forte** da empresa no exercício, sendo algo interno da companhia.

• **Estratégias e desdobramento de projetos – a montagem do plano estratégico:** As estratégias são desdobradas em projetos e indicadores (também chamados planos de ação), que, por sua vez, têm metas claras, responsáveis e prazos definidos. É aqui que você poderá aplicar várias outras metodologias de acompanhamento de metas, como os famosos OKRs. Trata-se de uma ferramenta de gestão de metas amplamente utilizada por empresas para alinhar equipes, priorizar ações e medir resultados. Criada por Andy Grove, da Intel, e popularizada por John Doerr no livro *Avalie o que importa*,[67] o OKR é composto de dois elementos principais: o Objective (Objetivo), que define o que a empresa ou equipe deseja alcançar de maneira clara e inspiradora, e os Key Results (Resultados-chave), que são métricas específicas e mensuráveis para avaliar o progresso rumo ao objetivo. Diferentemente de metas tradicionais, os OKRs são projetados para serem ambiciosos, incentivando inovação e crescimento, ao mesmo tempo que mantêm todos alinhados com a estratégia principal da organização. Uma das principais vantagens do OKR é a simplicidade e a flexibilidade, permitindo que empresas adaptem a metodologia a diferentes níveis – organizacional, departamental e individual. A transparência é um aspecto central dessa abordagem, uma vez que todos na empresa podem visualizar os OKRs, promovendo maior accountability e colaboração entre equipes. Além disso, os OKRs são revisados com frequência, geralmente em ciclos trimestrais,

---

67 DOERR, J. **Avalie o que importa**: como o Google, Bono Vox e a Fundação Gates sacudiram o mundo com os OKRs. São Paulo: Alta Books, 2019.

para garantir que continuem relevantes e ajustados às mudanças do ambiente de negócios. Essa prática não apenas melhora o foco nas prioridades estratégicas mas também cria uma cultura de aprendizado e melhoria contínua, essencial para organizações que buscam crescimento sustentável em mercados competitivos. A atual metodologia da Heartman House adotou amplamente o uso dos OKRs.

• **Adesão aos valores com a avaliação de performance e cultura:** Como falamos no capítulo anterior, a avaliação de performance combina metas de resultados com a adesão aos valores da cultura organizacional. Na Movile, 70% do bônus dos colaboradores estava atrelado a resultados, ao passo que 30% dependia de sua adesão aos valores. A Matriz ABC de Jack Welch foi utilizada para classificar os colaboradores em termos de performance e alinhamento cultural. Esse sistema ajudava a identificar talentos, reconhecer os melhores desempenhos e lidar com desalinhamentos.

BENEFÍCIOS DO MODELO DE GESTÃO

Conforme a empresa vai crescendo, diferentes crises e problemas vão surgindo ao longo do caminho. No momento em que você montar a primeira linha de líderes e eles tiverem suas equipes, você vai passar a ter problemas de controle e acompanhamento. O modelo de gestão vai lhe ajudar a cuidar disso e vai ser uma ferramenta superimportante para você comunicar a direção e acompanhar a execução do trabalho para chegar a seus objetivos.

Eu diria que é nessa fase que a empresa precisa implementar alguns processos formais para organizar a casa; é muito importante que você tenha a disciplina para cumprir o que foi definido, sem tornar a empresa lenta e burocrática. A seguir, listo alguns benefícios que você vai encontrar ao implementar os primeiros processos de gestão.

• **Clareza estratégica:** Um modelo bem estruturado garante que todos na organização saibam suas prioridades e como suas ações contribuem para os objetivos maiores.

- **Engajamento e alinhamento:** A participação ativa dos colaboradores na definição de metas e estratégias cria um senso de pertencimento e compromisso.
- **Disciplina e foco:** A rotina de planejamento e avaliação cria uma disciplina organizacional que impulsiona resultados consistentes e sustentáveis.
- **Cultura forte e resiliente:** Avaliar e recompensar a adesão aos valores reforça a cultura organizacional, criando um ambiente onde a colaboração e o alto desempenho prosperam.

DESAFIOS DA IMPLEMENTAÇÃO DE UM MODELO DE GESTÃO

Toda implementação de novos processos causa desconforto nas pessoas e, pela minha experiência, sempre você terá de lidar com 10% a 20% das pessoas que vão criticar e se opor ao que você tentar fazer. Isso é natural e normal. A seguir, listo alguns pontos que você vai precisar superar para que essa jornada aconteça com sucesso:

- **Resistência à mudança:** A implementação de um modelo de gestão pode enfrentar resistência inicial. Envolver a equipe no processo desde o início é fundamental para ganhar adesão. Existe um fenômeno chamado Efeito Ikea, relacionado ao comportamento das pessoas, que pode ser usado a seu favor. Ikea é uma loja de móveis sueca, presente em mais de sessenta países. Na Ikea, os próprios clientes que vão às lojas carregam as peças dos móveis que querem comprar, colocam em seus veículos (apesar de as lojas terem a opção paga para fazer a entrega para você). Chegando em casa, o próprio cliente monta seus móveis como se fosse uma brincadeira de Lego para adultos. Os manuais de instrução são incríveis, apenas com imagens e sem nenhum texto. O curioso vem agora: foi feita uma pesquisa com clientes da Ikea perguntando o valor que eles pediam por seus móveis no momento em que queriam vendê-los, anos depois de usá-los. A pesquisa concluiu que os valores eram significativamente maior do que de pessoas que não montavam os próprios móveis. O efeito Ikea prega que, quando você é envolvido em uma atividade, você passa a valorizar mais o resultado final desse trabalho. Trazendo isso para nossa realidade aqui, quanto mais você envolver as pessoas na construção e na montagem desses processos, mais as pessoas vão se sentir parte dele e, consequentemente, você terá mais apoio na jornada.

• **Complexidade na avaliação de cultura:** Um dos pontos mais polêmicos do modelo de gestão são os processos de avaliação dos colaboradores. Obviamente teremos pessoas que serão mal avaliadas ou que vão criticar o processo como desculpa para justificar seu fraco desempenho no processo. Mais uma vez, a coragem de implementar e ter resiliência e humildade para ir melhorando a cada ciclo é fundamental para o sucesso no longo prazo. Muitos líderes e empresas não gostam de usar avaliações 360°, nas quais o colaborador é avaliado pela liderança e também avalia seu líder. Comitês de calibração em que pares dos avaliadores também opinam sobre a performance da pessoa ajudam a mitigar vieses e garantir avaliações discrepantes. Meu conselho é você fazer o básico primeiro, e fazer bem-feito. Procure ajuda de alguém experiente para implementar isso em sua empresa.

• **Falta de disciplina:** É absolutamente fundamental que a liderança da empresa tenha um compromisso incondicional em fazer esses processos acontecerem. Liderar pelo exemplo é mais importante do que nunca. Criar uma rotina regular de reuniões e avaliações é essencial para sustentar o modelo a longo prazo.

FERRAMENTAS PARA CONSTRUIR SEU MODELO DE GESTÃO

Vamos entrar um pouco mais em aspectos práticos para você conseguir fazer seu primeiro ciclo de gestão. Vou deixar também alguns modelos que você pode usar no dia a dia para construir seu processo.

Análise SWOT

Para começar a fazer a análise SWOT, liste em um papel seus cinco maiores acertos e erros do ano ou período anterior.

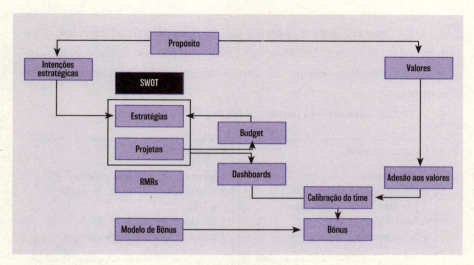

Se quiser começar fazendo uma lista maior, tudo bem, porém faça um exercício de priorização e eleja os cinco mais importantes e relevantes para o negócio. Aqui é uma ótima oportunidade de você exercitar o Efeito Ikea e pedir a opinião de seus principais líderes. Eles vão achar ótimo serem ouvidos nesse processo. Contudo, não deixe de reforçar que a análise SWOT deve ser feita à luz da estratégia da companhia, direcionando os itens rumo ao atingimento dos grandes sonhos da empresa.

Depois disso, comece a construir a estrutura da análise SWOT e liste os cinco itens mais importantes em cada quadrante:

SWOT - template

Fortalezas (internas)	Fraquezas (internas)
1. 2. 3. 4. 5.	1. 2. 3. 4. 5.
Oportunidades (externas)	**Ameaças (externas)**
1. 2. 3. 4. 5.	1. 2. 3. 4. 5.

Mais uma vez, faça o exercício de priorização para chegar aos cinco itens mais relevantes. Atente-se para manter o foco no que são pontos internos da companhia e o que são fatores externos sobre os quais não se tem controle.

A seguir, um exemplo para você ter como referência.

Fortalezas (internas)

1. Infraestrutura.
2. Plataforma de tecnologia.
3. Conexões com fornecedores atuais.
4. Parceria Premium XYW.
5. Outras parcerias relevantes.

Fraquezas (internas)

1. Falta de produtos de valor agregado.
2. Falta de pessoas (Suporte, Tecnologia e de Produtos).
3. Não temos uma plataforma ABC.
4. Falta de cultura de dados na operação.

Oportunidades (externas)

1. Consolidação do mercado.
2. Ser a melhor empresa a aplicar IA em ABC.
3. Monetização de produtos no mercado ABC.
4. Novas formas de cobrança.
5. Venda para o mercado de governo.

Ameaças (externas)

1. Mercado migrando para a tecnologia ABC.
2. Guerra de preços para o produto XYW.
3. Fornecedores mudando modelo.
de negócios e diminuindo nossa margem.
4. Ataque de concorrentes a nossos talentos.

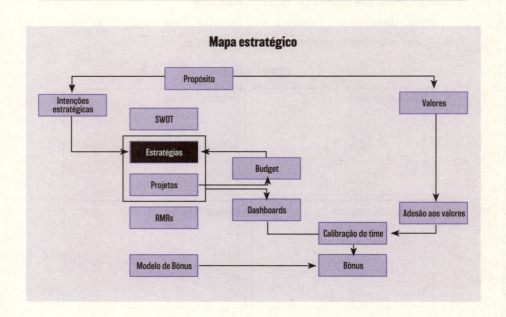

Mapa estratégico

112 Inquietação empreendedora

O próximo passo é a montagem das estratégias que vão gerir a organização ao longo do ano. Cada estratégia pode e deve se conectar a um ou mais pontos da análise SWOT. No exemplo a seguir, note que para cada estratégia há uma série de códigos em seus respectivos retângulos. Eles são as representações dos códigos da análise SWOT que foram feitas, sendo "O" as oportunidades, "A" as ameaças, "F" os pontos fortes, e "Fr" os pontos fracos. Por exemplo:

- **Estratégia:** "Escalar ABC atingindo R$__M com nova plataforma."

Nesse caso, os líderes da empresa estão propondo focar um novo produto chamado ABC, que ajuda a empresa entrar em um novo mercado, construindo uma nova plataforma. Com isso, eles consideram os seguintes pontos do SWOT (**O2, O3, Fr1, Fr3, A1**):

- **Oportunidade 2:** Ser a melhor empresa a aplicar inteligência artificial em ABC.
- **Oportunidade 3:** Monetização de produtos no mercado ABC.
- **Fraqueza 1:** Falta de produtos de valor agregado.
- **Fraqueza 3:** Não ter uma plataforma ABC.
- **Ameaça 1:** Mercado migrando para a tecnologia ABC.

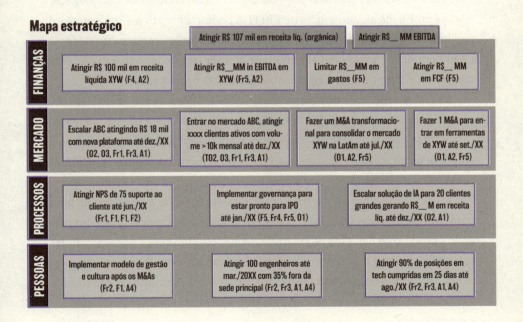

Com isso, espera-se que as estratégias cumpram todos os pontos que foram tratados na análise SWOT como importantes para o ano da empresa.

Um detalhe sobre a criação das estratégias do mapa: não gostávamos muito de colocar cronograma de projetos e planos de ação no mapa estratégico. Isso acaba sendo algo muito tático, que pode ser controlado por OKRs ao longo da execução.

Estratégias/metas "gatilho"

Você notou que no alto do mapa existem duas grandes estratégias em cinza-escuro. Essas estratégias contêm o que chamamos de "metas-gatilho". Normalmente, eu aconselho que essas metas envolvam toda a receita e também algo que meça a lucratividade da companhia, como o EBITDA ou a margem líquida. Essas metas vão disparar o pagamento do bônus da companhia caso ambas sejam atingidas, para empresas que querem crescer e se manter saudáveis com lucro. Em casos em que a empresa já descobriu na Matriz BCG qual será sua nova "Estrela", vale colocar uma terceira meta-gatilho focada no crescimento desse novo negócio.

Mas o que eu faço se minha empresa ainda está em crescimento e dá prejuízo? Não há problema algum, a meta de EBITDA pode ser negativa. Com isso, você vai limitar a quantidade de investimentos que poderão ser feitos no negócio e também deve contar com alguma receita a ser gerada no negócio que está crescendo. O importante é estabelecer uma meta e cumpri-la.

Em nosso modelo, nós pagávamos 100% do bônus caso ambas as metas-gatilhos fossem atingidas de 100% a 120%. Caso uma dessas metas ficasse entre 90% e 99,9%, nós pagaríamos apenas 50% do bônus. Quando a empresa bate 120% das duas metas, há um incremento de 20% no pagamento do valor do bônus.

É importante deixar claro que cito exemplos que funcionaram bem para nossa empresa, que tinha sempre o objetivo de crescer, com um cuidado grande com EBITDA ou controle de custos. Também é possível mudar esses indicadores e percentuais se você julgar ser o melhor para sua empresa. É válido ir amadurecendo seus processos, medindo os resultados e coletando sugestões e críticas para ano após ano você ir aperfeiçoando seus métodos.

Dicas importantes sobre o mapa

Eu sempre proponho que as estratégias sejam o mais claras e mensuráveis possível, com um indicador a ser medido e uma data de entrega. Cada estratégia dessa deve ter um único dono ou dona, que será responsável pelo seu atingimento. Existe a possibilidade de termos sócios em cada uma dessas estratégias, e isso era uma prática poderosa nos negócios que eu gerenciei, mas não vou cobrir isso neste livro.

Uma prática inteligente é você montar times multidisciplinares para trabalhar nas metas e dividir as metas financeiras entre esses times. Com isso, você coloca diferentes áreas da companhia para colaborarem. Outra dica interessante é colocar uma "gordura" nas metas, de maneira que, se somadas, elas deem 10% a 15% a mais do que sua meta-gatilho total. Por exemplo, vamos considerar que a meta-gatilho de receita do mapa que mostramos seja 107 mil reais. Uma forma inteligente de distribuir essas metas seria: o time XYW pode ter uma meta de faturamento de 100 mil reais, ao passo que o novo produto ABC pode ter uma meta de 18 mil reais.

> Atingir R$ 100 mil em receita
> líquida XYW (F4, A2)

> Escalar ABC atingindo R$ 18 mil
> com nova plataforma até dez./XX
> (02, 03, Fr1, Fr3, A1)

Se somarmos as duas metas, temos um total de 118 mil reais, que é aproximadamente 10% maior do que a meta-gatilho. Com isso, mesmo que individualmente haja algum problema para o atingimento de cada meta das áreas, há uma gordura excedente no plano, para que juntas as áreas consigam bater a meta total de 107 mil reais.

> Atingir R$ 107 mil em receita líq. (orgânica)

De certa forma, isso cria uma cumplicidade entre os times para batalhar para as metas-gatilho, acima dos interesses individuais.

Mas e se o time XYW atingir sozinho os 107 mil reais da meta-gatilho, e a equipe ABC faturar zero? Aqui vamos entrar em um tema complexo de remuneração, mas basicamente a empresa toda deverá ser elegível ao bônus pelo atingimento da meta-gatilho. Acontece que a métrica para calcular individualmente quanto cada funcionário deve receber precisa levar em consideração sua performance individual. No caso, entendo que a equipe do produto ABC deva ter uma penalização no cálculo de seu bônus por não ter alcançado os objetivos individuais; porém, dependendo das regras, eles podem receber um bônus menor por terem feito parte de um todo que atingiu as metas-gatilho.

Um dos pontos mais polêmicos dos processos por que passei eram os pedidos de mudança de metas que aconteciam ao longo do ano. Nós fazíamos o planejamento no primeiro mês do ano fiscal e revisávamos o plano sete meses depois. Eu era extremamente inflexível a mudanças, uma vez que o plano havia sido validado por todos e comunicado para a empresa inteira. No meio do ano, refletíamos se todas as estratégias faziam sentido, e muitas vezes cortamos algumas delas na revisão, ou até cancelamos projetos que passaram a não fazer mais sentido. Contudo, raramente eu autorizei mudanças de metas ao longo do caminho, por um motivo muito simples: se você fizer isso uma vez, todos da empresa vão se sentir no direito de pedir a você a mesma coisa. Com isso, você perde totalmente o comprometimento das pessoas com as metas e os planos.

Desdobramento das estratégias em projetos e metas

Depois de ter o mapa estratégico feito, devemos quebrar as estratégias em projetos, designando um líder como dono para cada um deles, bem como as datas de entrega e os indicadores mensais que levarão a empresa ao sucesso. Em nosso modelo, cada item do mapa virava uma linha em uma planilha. Abaixo dela, você deve inserir os projetos e as metas que vão compor seu plano para o atingimento dos objetivos dessa estratégia. Confira o exemplo:

| Lista de projetos | | Indicadores | | | | |
Estratégias/projetos		Indicador	Meta	Unid. medida	Tipo de indicador	Responsável pelo indicador
1.	[EMPRESA] Atingir R$ 107 mil em receita liq. (orgânica)	[EMPRESA] Net Revenue – Total	107.000	USD	Quantitativo	
1.1	[EMPRESA] Atingir R$ 90 mil em receita liq. (orgânica) - Brasil	[EMPRESA] Net Revenue - Brasil	90.000	USD	Quantitativo	
1.2.1	[EMPRESA] Atingir R$ 17 mil em receita liq. (orgânica) – México	[EMPRESA] Net Revenue – México	17.000	USD	Quantitativo	
1.3	[EMPRESA] Atingir R$ 5 mil em receita liq. (orgânica) – Sul Latam	[EMPRESA] Net Revenue – Sul Latam	5.000	USD	Quantitativo	
1.3	[EMPRESA] Atingir R$ 5 mil em receita liq. (orgânica) – Caribe	[EMPRESA] Net Revenue – Caribe	5.000	USD	Quantitativo	

Modelo de gestão: a base para o sucesso organizacional

No exemplo, o gestor está quebrando sua meta de 107 mil reais em quatro projetos. No caso dessa empresa fictícia, ele dividiu as responsabilidades entre regiões, mas isso pode ser dividido entre times, produtos e áreas de negócios. Note também que o gestor usou da técnica da "gordura", colocando as metas individuais que se somam em 117 mil reais, levando em conta que meta a ser atingida pela estratégia é 107 mil reais.

Esse desdobramento é feito para cada estratégia que está no mapa. Como já mencionei, essa etapa do modelo de gestão pode ser feita usando outras metodologias consagradas no mercado, como os OKRs.

Governança e rituais de gestão

Chegamos finalmente ao momento de botar a mão na massa! Depois de validado e aprovado por todos os envolvidos, o Mapa Estratégico deve ser apresentado para todos na empresa. Ele vai ser a principal ferramenta para comunicar a todos se as estratégias planejadas estão sendo bem executadas conforme esperamos. Para isso ser bem-feito, meu conselho é que sejam agendadas as já mencionadas RMRs: reuniões mensais de resultados. Normalmente, nós fazíamos essas reuniões na segunda segunda-feira de cada mês, para que todos tivessem tempo de preparar os indicadores de fechamento do mês anterior, bem como para que o time financeiro pudesse consolidar os resultados. Essa reunião deveria envolver os principais líderes da empresa, que respondem por estratégias ou projetos. Contudo, eu gostava de abrir os primeiros 30 minutos da reunião para, na função de CEO, reportar para todos da empresa como estava cada estratégia do mapa. Eu gostava de fazer isso ao vivo via videoconferência, e abria a oportunidade para qualquer um da empresa fazer perguntas para mim.

Minha apresentação de 30 minutos tinha apenas um slide: o mapa estratégico, com um farol mostrando o status de cada estratégia. Um farol azul indicava que a meta estava acima de 120% do planejado; o verde, que a meta estava entre 100% e 120%; o amarelo, entre 90% e 100%; e o vermelho, abaixo de 90%.

Esse ritual mensal reforçava uma cultura focada em dados e resultados, na qual conseguíamos ajustar a rota do negócio com agilidade quando algum farol alertava as cores amarela ou vermelha.

Após essa introdução, cortávamos a transmissão e focávamos a reunião de trabalho entre os responsáveis pelos projetos. O líder de cada estratégia deveria apresentar em 20 minutos o que estava fazendo para reverter situações com o farol amarelo e vermelho. Eu dizia que não deveríamos perder tempo falando do que está verde ou azul. Nosso objetivo era focar os planos de ação daquilo que estava indo mal.

Para cada item do mapa, tínhamos um plano de ação com duas ou três ações para reverter os pontos ruins, com um responsável e uma data com prazo de execução. Na reunião seguinte, os responsáveis deveriam apresentar o que foi realizado.

Posso parecer simplista, mas, se você tiver a disciplina de executar isso mês a mês, ano a ano, e ir aperfeiçoando seu processo, sua empresa corre um sério risco de se tornar uma máquina de sucesso.

IMPLEMENTANDO O MODELO DE GESTÃO: DICAS FINAIS E PRÓXIMOS PASSOS

Existem infinitas situações, ferramentas e muitos detalhes mais avançados que podem ajudar conforme sua empresa for crescendo, mas, se você focar a implementação básica do que eu expus aqui, garanto que você vai aumentar muito as chances de sucesso do seu negócio. Ao implementar um modelo de gestão eficaz, as empresas podem não apenas alcançar as metas financeiras mas também construir uma cultura organizacional que promova inovação, colaboração e sustentabilidade.

Agora vamos falar sobre algumas técnicas de como distribuir essas metas e estratégias entre projetos que sustentam sua empresa hoje e outras ações que vão fazer sua empresa crescer exponencialmente. Está preparado para conhecer as empresas ambidestras? Vamos lá!

CAPÍTULO 8
INOVAÇÃO AMBIDESTRA

A **primeira vez que ouvi a palavra "ambidestra" foi no futebol.** Esse é o nome dado a jogadoras e jogadores que conseguem chutar a bola muito bem tanto com o pé direito como com o pé esquerdo. Amo citar o exemplo da Marta, craque camisa número 10 da seleção brasileira de futebol feminino, eleita seis vezes Melhor Jogadora do Mundo, e que recentemente recebeu o Prêmio Marta (ela mesma ganhou o prêmio com o nome dela!) com o gol mais bonito do ano de 2024.

Se você pegar fotos da Marta batendo pênaltis, você vai notar que ela bate com a perna esquerda, em tese a perna dominante. Contudo, se você observar, a Marta fez inúmeros gols com a perna direita. Entre eles, está o gol mais bonito de sua carreira, em um jogo entre Brasil e Estados Unidos, em 2007. Ela recebe a bola de costas para a marcadora, faz um giro pela direita da adversária depois de jogar a bola para a esquerda dela, faz um drible para a direita da segunda adversária e bate no gol com a perna direita. Marta é uma excelente jogadora com ambas as pernas.

Mas o que isso tem a ver com gestão de empresas?

A teoria das organizações ambidestras, proposta por Clayton Christensen, renomado professor de Harvard, destaca a importância de empresas equilibrarem a exploração de novas oportunidades com a excelência na execução de suas operações principais. Autor da revolucionária obra *O dilema da inovação*,[68] o autor argumenta que muitas organizações falham em inovar porque focam exclusivamente aprimorar processos existentes e atender às necessidades imediatas dos clientes, negligenciando inovações disruptivas que poderiam assegurar sua relevância no futuro.

---

68 CHRISTENSEN, C. *op. cit.*

Organizações ambidestras são aquelas capazes de operar simultaneamente em dois modos distintos: exploração e execução aprimorada. No modo de exploração, a empresa se dedica à busca de novas ideias, produtos, mercados e tecnologias que podem transformar o cenário competitivo. Esse processo envolve assumir riscos e explorar caminhos ainda desconhecidos. Por outro lado, o modo de execução aprimorada foca eficiência, melhoria contínua e otimização de processos existentes, assegurando que a empresa mantenha a rentabilidade e a excelência operacional. O equilíbrio entre esses dois aspectos é essencial para que a organização possa se adaptar a mudanças rápidas no mercado, garantindo sua sobrevivência e seu crescimento sustentável a longo prazo.

Christensen enfatiza que, para alcançar esse equilíbrio, é fundamental que as empresas desenvolvam estruturas organizacionais que permitam a coexistência desses dois modos. Isso pode incluir a criação de equipes independentes dedicadas à inovação, com recursos e métricas de sucesso distintos das operações principais, mas que ainda estejam alinhadas à visão estratégica da organização. Líderes ambidestros desempenham um papel crucial nesse processo, gerenciando as tensões inerentes entre inovação e eficiência, e cultivando uma cultura que valoriza tanto o aprendizado quanto o desempenho.

MATRIX BCG: UMA FERRAMENTA ESTRATÉGICA PARA TOMADA DE DECISÕES EMPRESARIAIS

Mas, afinal, como eu consigo identificar em quais produtos do meu portfólio eu devo focar? Como entender se estou dedicando os recursos corretos para cada área da minha empresa? Vamos usar uma metodologia consagrada para ajudar nisso.

A Matriz BCG (ou Matriz de Crescimento-Participação) é uma das ferramentas de análise estratégica mais amplamente utilizadas no mundo dos negócios. Criada na década de 1970 pelo Boston Consulting Group, ela oferece às empresas um modelo visual simples e eficaz para avaliar a posição de seus produtos, serviços ou unidades de negócios no mercado. Seu principal objetivo é ajudar gestores a alocar recursos de maneira mais eficiente e a tomar decisões estratégicas fundamentadas no potencial de crescimento e na participação de mercado de cada área de negócio.

A Matriz BCG é estruturada em quatro quadrantes, que categorizam os produtos ou as unidades de negócio em **vacas leiteiras, estrelas, abacaxis (ou cachorros)** e **interrogações**. Cada um desses quadrantes reflete o estágio de desenvolvimento e o papel estratégico do produto no portfólio da empresa:

Matriz BCG

- **Vacas leiteiras:** Representam os negócios ou produtos consolidados em mercados maduros, com alta participação de mercado, mas baixo crescimento. Eles geram fluxo de caixa estável e são essenciais para sustentar o funcionamento da empresa e financiar novos investimentos.
- **Estrelas:** São produtos ou unidades com alta participação em mercados de rápido crescimento. Embora demandem altos investimentos para sustentar o crescimento, eles têm potencial para se tornarem as próximas vacas leiteiras quando o mercado amadurecer.
- **Interrogações:** Representam produtos em mercados de alto crescimento, mas com baixa participação de mercado. Eles exigem investimentos significativos para tentar conquistar maior participação e, se bem-sucedidos, podem migrar para o quadrante das estrelas.
- **Abacaxis (ou cachorros):** Trata-se dos negócios ou produtos com baixa participação em mercados de baixo crescimento. Geralmente, eles têm baixa lucratividade e podem representar um peso para a empresa, devendo ser reavaliados ou descontinuados.

A Matriz BCG fornece às empresas uma visão holística de seu portfólio e ajuda a responde a perguntas-chave, como: "Quais áreas devem receber mais investimentos? Quais produtos precisam de ajustes ou inovação? E quais devem ser descontinuados?". Em um mercado cada vez mais competitivo e dinâmico, essa ferramenta é indispensável para organizações que buscam equilibrar eficiência e inovação, maximizando seu potencial de crescimento a longo prazo.

Eu tive o privilégio de ter aulas com Charles O'Reilly, professor da Stanford Graduate School of Business, um dos principais estudiosos no campo da gestão e inovação organizacional. Ele complementa as ideias de Clayton Christensen com sua teoria de organizações ambidestras, afirmando que o grande desafio das empresas é equilibrar a eficiência operacional em seus negócios maduros – a "vaca leiteira" – com a exploração de novas oportunidades e inovações. Para O'Reilly, esse equilíbrio é crucial para garantir que uma organização não apenas sobreviva, mas prospere em mercados dinâmicos e altamente competitivos.

O'Reilly identifica dois elementos fundamentais em organizações ambidestras: experimentar novas interrogações e extrair lucro da vaca leiteira simultaneamente. A experimentação envolve a busca por novas ideias, tecnologias e mercados – processos que muitas vezes exigem tolerância ao erro. Já a extração de lucro refere-se ao foco na eficiência, no controle de custos e na melhoria incremental dos produtos e serviços existentes. A verdadeira dificuldade, segundo ele, é que as culturas, estruturas e métricas de desempenho necessárias para essas duas atividades são frequentemente conflitantes. Empresas que falham em reconciliar esses dois mundos tendem a cair na armadilha de focar exclusivamente a eficiência do presente, perdendo a capacidade de inovar e se adaptar ao futuro.

Ele também destaca que organizações ambidestras precisam de uma **liderança corajosa e visionária**, que consiga integrar essas duas dinâmicas sem sacrificar a qualidade de nenhuma delas. Isso exige líderes capazes de "encarar os fatos brutais", como o conceito do Paradoxo de Stockdale (de que falaremos adiante), mas também de manter uma visão otimista e de longo prazo, fazendo com que o ciclo ilustrado a seguir seja contínuo e virtuoso.

Inovação ambidestra **123**

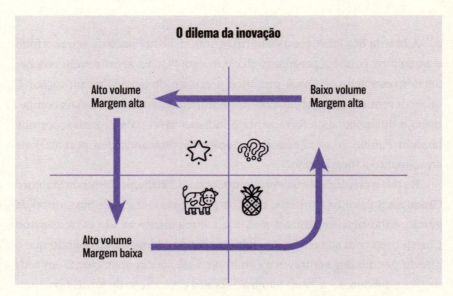

A transparência na comunicação e a construção de uma cultura que incentive tanto a eficiência quanto a inovação são essenciais. Para O'Reilly, empresas como Apple e Netflix se destacam porque construíram sistemas e culturas que dão suporte a esse dualismo, permitindo que elas liderem revoluções em seus mercados ao mesmo tempo que mantêm suas operações básicas rentáveis.

COMO APLICAR ESSES CONCEITOS NO MODELO DE GESTÃO QUE ACABAMOS DE APRENDER?

Líderes que querem criar empresas grandiosas que prosperam por décadas e décadas precisam entender bem como fazer a Matriz BCG funcionar dinamicamente, criar os incentivos internos para que todos entendam essa metodologia e saber tomar decisões duras enfrentando a realidade brutal dos desafios que vai enfrentar.

O primeiro passo é entender onde seus produtos e serviços estão na Matriz BCG. "Vaca leiteira" existe para dar lucro e sustentar todo o resto da empresa. Se você tem um produto/serviço que fatura muito, é o principal item do portfólio, mas que não dá lucro, é provável que ele esteja mais para um "abacaxi" do que para uma "vaca". É nesse momento que entram as decisões difíceis: ou você aumenta consideravelmente receita sem aumentar custos, o que é uma tarefa bem complicada, ou você corta custos para ele se tornar lucrativo com um EBITDA que consiga sustentar as operações e inovações da empresa. Sem uma "vaca" que consiga bancar a criação dos experimentos e das "interrogações" da Matriz BCG, não é viável a construção de novos projetos até que se resolva essa questão prioritária.

Não é raro empreendedoras e empreendedores se distraírem criando novos produtos, quando não conseguem operar eficientemente suas "vacas leiteiras". Isso pode piorar muito a situação financeira da empresa e dos sócios. É uma distração e ilusão perigosa. Outra situação bem comum é encontrar negócios nos quais os donos mal sabem se suas linhas de produtos/serviços são lucrativas. Não há crescimento sem o mínimo controle dos números da empresa. Pense que, quando você compra uma bicicleta comum, ela normalmente tem poucos recursos: não tem velocímetro, não tem marcador de combustível, temperatura do motor, indicador do nível de óleo. Para quem vai se locomover em uma bicicleta, esses recursos não são fundamentais. Entretanto, quando você troca sua bicicleta por um carro, é preciso ter esses indicadores na sua frente quando está no volante. Imagine agora que você vai pilotar um avião; os recursos e indicadores são mais avançados ainda, e sem eles fica praticamente impossível fazer a máquina voar.

A mesma coisa acontece em sua empresa. Se você quer alçar voos mais altos, precisa de mais ferramentas, indicadores, controle.

Outra possibilidade para acabar com os "abacaxis" é encerrar esse negócio. Muitas vezes não é uma decisão simples, mas provavelmente é a melhor decisão para muitos negócios que não se mostram viáveis do ponto de vista de lucratividade. Matar um "abacaxi" tem efeitos cruéis, como o desligamento de funcionários que atuam nessa área, mas pode ter consequências extremamente positivas para a empresa. Sem os problemas do "abacaxi", líderes podem focar mais seu tempo em negócios rentáveis ou potenciais para a empresa. Matar um "abacaxi" pode fazer sua empresa reduzir em tamanho, mas vai fazê-la crescer em foco e eficiência. Às vezes temos de dar alguns passos para trás para conseguir avançar em seguida.

Criando experimentos

Agora que você já resolveu seus problemas internos, tomou decisões difíceis para lidar com seus "abacaxis" e já tem algumas ideias para experimentar, vamos montar estratégias e processos para isso acontecer. Esses experimentos são fundamentais para transformar ideias promissoras em projetos concretos, testando rapidamente o potencial de novos produtos, serviços ou processos, enquanto minimizamos riscos. Aqui, o objetivo é buscar aprendizado rápido, com custos controlados e dados suficientes para tomada de decisão.

Defina objetivos e hipóteses claras

Antes de lançar qualquer experimento, é crucial começar com um objetivo específico e uma hipótese bem definida. Pergunte-se: o que espero validar com esse experimento? Por exemplo, se a ideia é testar um novo canal de vendas para um produto emergente, a hipótese pode ser: "Clientes do segmento X preferem realizar compras diretamente via WhatsApp, e isso aumentará nossa taxa de conversão em 20%". Quanto mais clara a hipótese, mais fácil será medir o sucesso ou o fracasso do experimento.

Desenhe experimentos simples e de baixo custo

Evite complexidade nos estágios iniciais. Comece pequeno, utilizando protótipos rápidos ou MVPs. A ideia é validar conceitos com o mínimo de recursos. Por exemplo, se você deseja lançar um novo serviço digital, crie uma versão simplificada para testar a aceitação do mercado antes de investir em desenvolvimento completo. Esse processo permite ajustes rápidos com base nos dados coletados, reduzindo o custo de falhas e aumentando as chances de sucesso.

Estabeleça indicadores-chave de desempenho (KPIs)

Para garantir que os experimentos forneçam insights úteis, você precisa de métricas claras. Defina KPIs que estejam alinhados aos objetivos estratégicos da empresa. Por exemplo, para um produto na categoria "interrogação", as métricas podem incluir o número de clientes que adotam o produto durante o experimento, o tempo médio de uso ou a receita gerada no período de teste. Indicadores bem escolhidos ajudam a evitar interpretações subjetivas e fornecem dados concretos para decidir se o experimento deve continuar, ser ajustado ou descartado. Esses experimentos precisam ser facilmente mensuráveis, sem muita perda de tempo para medir.

Crie um ambiente que incentiva a experimentação

Cultura organizacional é fundamental. Empresas ambidestras, como discutimos, conseguem equilibrar eficiência operacional com inovação. Isso só é possível quando os times se sentem seguros para experimentar, mesmo correndo riscos de falha. Incentive a comunicação aberta e a transparência sobre os resultados, sejam eles positivos, sejam eles negativos. Reforce que os aprendizados, mesmo de experimentos fracassados, são ativos valiosos para a empresa.

Itere rápido: teste, aprenda, ajuste

Os melhores experimentos seguem um ciclo ágil: testar, aprender e ajustar. Após cada experimento, reúna os dados, analise os resultados e compartilhe os aprendizados com a equipe. Se os resultados forem positivos, avance para uma etapa mais robusta de implementação. Caso contrário, avalie o que deu errado e faça ajustes antes de seguir para um novo teste. Essa abordagem iterativa é a base da inovação contínua, permitindo que a empresa evolua de maneira estruturada e com foco em resultados.

Equilibre a inovação com a operação

Finalmente, lembre-se de que a inovação deve coexistir com a operação eficiente de sua vaca leiteira. Experimentos não devem prejudicar o fluxo de caixa e os lucros gerados pelas áreas já consolidadas. Para isso, crie processos de governança claros, garantindo que a alocação de recursos seja equilibrada entre manter a operação estável e financiar experimentos inovadores.

Sonhe grande

O objetivo desses experimentos precisa ser a criação de negócios maiores do que sua "vaca". Não faça investimentos em ideias com baixo potencial ou com ganhos incrementais. Invista em ideias que têm o potencial de matar seu negócio atual porque vai ser dez vezes maior do que o que movimenta hoje. Na Movile, todos os projetos que estavam sendo iniciados tinham de ter um potencial para se tornar uma empresa com valor de 1 bilhão de dólares. Foi assim que a antiga empresa que vendia *ringtones* e SMS começou investimentos em aplicativos de entrega de comida, games, conteúdo infantil, música, ingressos de cinema, ingressos de eventos e tecnologias de pagamentos. Além desses negócios, tivemos mais centenas de experimentos que deram errado e foram desligados, vendidos ou despriorizados para que a empresa pudesse apostar as fichas em negócios com potencial maior.

Portanto, se for fazer experimentos, faça-os para explodir de sucesso.

O CASO WAVY: TRANSFORMANDO ABACAXIS EM OPORTUNIDADES ESTRATÉGICAS

A experiência da Wavy, empresa de mensageria por SMS e conteúdos de valor agregado (*ringtones*, alertas, notícias), exemplifica perfeitamente a dinâmica de uma empresa que adota uma abordagem ambidestra para equilibrar a gestão de negócios consolidados com a necessidade de inovação.

Em 2018, a Wavy enfrentava desafios significativos em diferentes áreas de atuação, representando posições distintas na Matriz BCG: a área de Value-Added Services (VAS) era claramente um "abacaxi", com a receita caindo a cada ano e dificuldades de manter o EBITDA positivo. A área de SMS atuava como "vaca leiteira" com margens EBITDA próximas a 25% e crescimento de receita anual de 20% ao ano. Já a área de produtos conversacionais usando WhatsApp e inteligência artificial emergia como uma "interrogação" com potencial para se tornar uma "estrela". Vamos explorar como essas áreas foram abordadas estrategicamente para maximizar valor e assegurar o crescimento sustentável da empresa.

Área de VAS: gerenciando um abacaxi com disciplina

Os serviços VAS – que, no início, tinham sido lucrativos – estavam em declínio em razão das mudanças no mercado regulatório e do avanço de tecnologias disruptivas. A área tornou-se um "abacaxi" porque apresentava baixo crescimento e baixa margem de lucro. Para lidar com isso, a decisão estratégica foi clara: colocar a área em modo de desligamento progressivo, mas de maneira controlada e estruturada.

128 Inquietação empreendedora

O foco passou a garantir que a operação apresentasse EBITDA positivo durante o processo de transição. Isso exigiu cortes de custos rigorosos, otimização de processos e renegociação de contratos com fornecedores. A equipe de VAS também foi redimensionada para refletir a nova realidade, garantindo que a área não drenasse recursos da empresa enquanto ainda gerava algum valor residual. Essa abordagem disciplinada foi essencial para liberar capital e atenção gerencial para áreas com maior potencial de crescimento. Não posso deixar de mencionar a atuação do Henrique Angeli, diretor de operações que cuidava dessa área, que abraçou essa missão e a executou com eficiência incrível. Liderar um time que sabe que sua área tem a missão de desligar o negócio só é possível com transparência brutal, entendimento da estratégia, resiliência e total alinhamento com a cultura. Seu time conseguiu finalizar a operação da área colaborando com EBITDA positivo até o último mês de operação, partindo de um negócio que gerava milhões de reais de prejuízo.

Área de SMS: consolidando o mercado com M&A

A área de SMS, por outro lado, era a "vaca leiteira" da Wavy, gerando receitas consistentes e sustentando o fluxo de caixa da empresa. Embora o mercado de SMS estivesse saturado, ele ainda representava uma oportunidade para consolidação via fusões e aquisições (M&A, do inglês *Mergers & Acquisitions*). A estratégia nesse momento foi fortalecer a posição de mercado da Wavy ao adquirir concorrentes, aumentando sua participação e criando economias de escala.

Além disso, a equipe da área de SMS se concentrou em melhorar a eficiência operacional, implementando métricas claras e revisando processos para maximizar a margem de lucro. Essa consolidação não só garantiu a continuidade da receita como também aumentou a competitividade da empresa, permitindo que a área de SMS sustentasse os experimentos e as inovações em outras áreas. Fizemos mais de trinta reuniões com competidores nacionais e internacionais buscando executar essa estratégia, que, ao final, acabou atraindo a atenção da empresa sueca Sinch, que comprou toda a operação da Wavy.

Área de IA: transformando uma interrogação em estrela

A grande aposta da Wavy estava na área de soluções de experiência ao cliente, que usava inteligência artificial e produtos conversacionais e incluía *chatbots* e soluções de atendimento ao cliente. Inicialmente, essa área representava uma "interrogação" na Matriz BCG: tinha potencial de alto crescimento, mas ainda não era lucrativa e enfrentava incertezas.

Para acelerar a transformação dessa área em uma "estrela", a Wavy adotou uma abordagem de experimentação controlada. Protótipos de produtos foram desenvolvidos e testados com clientes estratégicos dentro do grupo, permitindo que a empresa ajustasse rapidamente as soluções com base no feedback do mercado. Além disso, investimentos significativos foram direcionados para pesquisa, desenvolvimento e parcerias tecnológicas, assegurando que a Wavy estivesse na vanguarda da inovação em produtos conversacionais. Lembro que nosso primeiro projeto foi feito em parceria com a Tereza, hoje CEO da Sympla, que cuidava da operação de atendimento ao cliente da nossa empresa de ingressos. O projeto foi um sucesso e abriu portas para a Wavy avançar nessa área.

A operação de IA demonstrou seu valor rapidamente ao atrair grandes clientes e apresentar taxas de adoção crescentes. Em poucos anos, tornou-se a principal fonte de crescimento da Wavy, com EBITDA acima de 55%, alavancando o portfólio de produtos e consolidando a reputação da empresa como líder em tecnologia conversacional. No primeiro trimestre de 2020, com menos de dois anos de vida, essa área já ultrapassou a área de VAS em receita, a antiga "vaca leiteira" da empresa em 2016. Lembro-me do dia em que meu diretor-financeiro Bruno Zwicker me enviou um e-mail com o gráfico a seguir, dizendo: "Estamos fazendo história. Esse gráfico vale mais do que alguns meses de aula de MBA. Estamos vivendo o dilema da inovação na prática. Sensacional!".

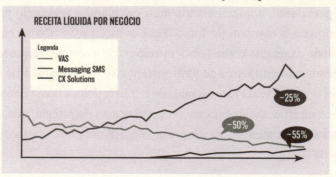

As "interrogações" precisam de curvas exponenciais para se tornarem "estrelas"

Repare na curva de receita da área de soluções de experiência do cliente da Wavy.

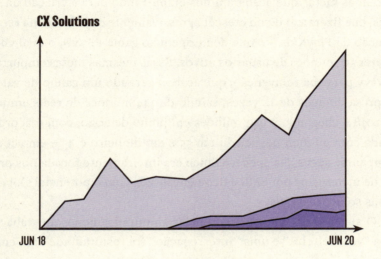

Esse é o gráfico de receita da área, incluindo negócios no Brasil, no México e no restante da América Latina onde a empresa tinha negócios. Claramente temos uma curva exponencial sendo desenhada. É assim que você deve pensar nas metas das áreas que trabalham com as "interrogações" e as "estrelas". Nós buscamos informações de como as principais empresas do mundo estavam performando e colocamos as metas de nossos experimentos para competirmos de igual para igual com os melhores do mundo. Mais uma vez, uso uma analogia com o esporte aqui: se estamos criando um experimento para algo que precisa ter um potencial para ser dez vezes maior do que o negócio que eu tenho hoje, eu preciso pensar em jogar a Champions League, e não a Copa São Paulo de Juniores. Eu falo com muitos líderes que atuam como um gerente de time de futebol júnior ao invés de pensarem como o presidente do Real Madrid, o maior clube de futebol do mundo!

Na hora de planejar o que se espera desses experimentos, pesquise números que os melhores do mundo estão atingindo e se baseie neles para estabelecer seus objetivos. Na época em que a Movile estava deixando de ser uma empresa de VAS e passando a entrar no mundo dos aplicativos para smartphones, nós víamos que os melhores apps do mundo tinham 10 milhões de usuários ativos mensalmente. Foi daí que vieram as metas que acabaram nos empurrando para a criação da Play-Kids, que fizeram o iFood crescer agressivamente e ajudaram na reestruturação da PlayKids – o que deu origem ao game PK XD, o qual chegou a bater 50 milhões de usuários ativos. Essas mesmas metas empurraram a Wavy para sua reinvenção, que acabou gerando um ganho de valor da empresa de mais de 12 vezes, saindo de 144 milhões de reais em junho de 2018 e chegando a 949 milhões em junho de 2020, com o acordo de venda com a Sinch negociado em 55% em dinheiro e 45% em ações da companhia sueca. Na época, a Sinch era inteiramente focada nos produtos de mensagens por SMS e ficou encantada com o potencial global das novas soluções da Wavy.

O sucesso da Wavy em gerenciar simultaneamente um "abacaxi", uma "vaca leiteira" e uma "interrogação" foi resultado de uma cultura organizacional que valorizava a transparência, a experimentação e o aprendizado contínuo. A liderança da empresa demonstrou coragem ao tomar decisões difíceis, como o desligamento da área de VAS, e visão estratégica ao consolidar a área de SMS e investir pesadamente em IA com a parceria com o WhatsApp. Claro que gerenciar isso não era tranquilo, mas aprender a gerenciar conflitos em um ambiente competitivo e produtivo é extremamente útil para a evolução da empresa. Em tecnologia, eu tinha dois líderes fortes: o Luiz Tordin, que cuidava dos produtos, e o Daniel Oz, que cuidava da equipe de tecnologia. Nem sempre eles concordavam, porém meu trabalho extraía o melhor de cada um e mantinha uma cultura de colaboração. No fim das contas, todos queriam a mesma coisa: aumentar dez vezes o valor da empresa em três anos.

Essa abordagem ambidestra permitiu à Wavy transformar desafios em oportunidades e construir um pipeline sustentável de inovação e crescimento. A experiência da Wavy ilustra que, para prosperar em mercados dinâmicos, as empresas precisam ser disciplinadas em sua gestão operacional e ousadas em sua busca por novas fronteiras de crescimento.

Vamos agora para um exercício prático (com dados hipotéticos) para você testar seus conhecimentos sobre gestão ambidestra, promovendo uma reestruturação em uma empresa metalúrgica.

ESTUDO DE CASO: EDU METALÚRGICA

A Edu Metalúrgica é uma empresa familiar consolidada, gerida pelo CEO Edu Júnior, que herdou o negócio da mãe. Apesar de ser uma empresa lucrativa, com EBITDA de 15,5 milhões de reais em 2023, ela enfrenta desafios estratégicos para equilibrar operações maduras e inovação. A gestão ambidestra aplicada no caso da Edu Metalúrgica ilustra como uma empresa pode alinhar eficiência operacional e desenvolvimento de novos produtos para manter relevância no mercado.

A análise inicial do demonstrativo de resultados da empresa destacou quatro unidades de negócio: AA, BB, CC e DD. O produto AA, considerado a "vaca leiteira", tem uma margem bruta de 20%, mas sua receita está em declínio (-5%). Já o produto BB apresenta uma margem razoável de 30% e um crescimento saudável de 40%, ao passo que o DD, com margem de 50%, é um potencial "estrela", registrando crescimento de 150%. Por outro lado, o produto CC, apesar de gerar EBITDA positivo, é pequeno e cresce apenas 5%, sendo classificado como um "abacaxi".

A empresa tem um funcionário muito importante: o João, com 40 anos e 17 deles dedicados à Edu Metalúrgica, é um dos pilares da empresa. Como diretor da Unidade de Negócios CC, ele comanda uma equipe de 200 empregados e administra um budget significativo de 20 milhões de reais. Sua unidade contribui para o EBITDA da empresa, mas ela enfrenta desafios de crescimento. Nos últimos anos, a Unidade CC apresentou um desempenho estável, crescendo 5% no ano mais recente, embora tenha atingido taxas de crescimento de até 10% em anos anteriores. A relação de João com o CEO, Edu Júnior, é marcada por anos de convivência e confiança mútua, o que cria um vínculo pessoal além do profissional. Contudo, essa proximidade representa um desafio: decisões estratégicas difíceis podem ser influenciadas por essa relação. João recebe bônus há cinco anos consecutivos, o que pode indicar metas pouco desafiadoras ou uma complacência em sua gestão.

Inovação ambidestra **133**

Resumi essas e outras informações no quadro a seguir.

P&L da Edu Metalúrgica

Produto	AA	BB	CC	DD	Total
Receita	150	10	35	5	200
Margem bruta (%)	20%	30%	20%	50%	
Custos com pessoas	20	3	20	5	48
EBITDA	10	0	8	-2.5	15.5
Crescimento da receita (%)	-5%	40%	5%	150%	+2,8% (5.75)
Total da receita (%)	75%	5%	17.5%	2.5%	100%

Antes de seguirmos, faça um rascunho da Matriz BCG da Edu Metalúrgica, e depois responda às perguntas.

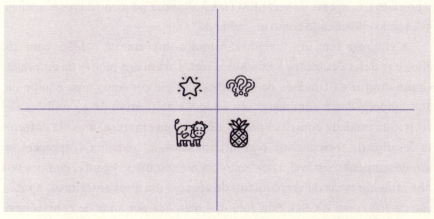

- Qual sua opinião sobre o demonstrativo de resultados da Edu Metalúrgica?
- A empresa é lucrativa (15,5 milhões de reais de EBITDA). Você acha que ela está indo bem?
- Se você se tornasse o CEO, qual reestruturação você faria?
- Qual seria o seu maior desafio?

Conclusões

De acordo com as informações fornecidas, a Matriz BCG atual da Edu Metalúrgica estaria assim:

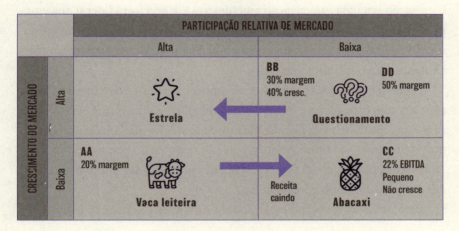

Olhando para esse quadrante, percebo que, apesar de lucrativa, a Edu Metalúrgica está com problemas sérios. O maior desafio da empresa é enfrentar as áreas problemáticas e reforçar a cultura de inovação. Decisões como cortar custos no produto CC em pelo menos 20%, aumentar as metas de EBITDA e crescimento e implementar "metas-gatilho" para alinhar toda a empresa são ferramentas para reforçar a disciplina e incentivar a experimentação controlada.

João – líder da área CC que contribui com 17,5% da receita da empresa, porém, tem um alto custo de pessoal – precisa enfrentar o desafio de sair da zona de conforto e adotar uma postura mais arrojada, alinhando-se à nova cultura de inovação e alto desempenho promovida pela liderança. Embora a Unidade CC não opere com prejuízo, ela é classificada como um "abacaxi" na Matriz BCG da empresa. O crescimento modesto e a falta de inovação colocam pressão sobre João para justificar sua posição e suas metas. Um ponto crucial que precisa ser mudado são os incentivos: João recebe bônus há muitos anos mesmo tendo apresentado um desempenho medíocre.

O bônus precisa ser um incentivo a performances incríveis, que mudam o patamar da empresa, e não uma parte praticamente garantida da remuneração básica da empresa. Líderes que colocam metas fáceis apenas para garantir seu bônus e da equipe não empurram a empresa para o crescimento disruptivo. A situação de João ilustra a necessidade de equilibrar tradição e inovação em uma organização ambidestra. Ele precisará liderar sua equipe com transparência, revisar processos e buscar oportunidades de crescimento que possam transformar sua unidade em um ativo estratégico mais alinhado com o futuro do negócio.

Como o CEO busca reinventar a empresa, espera-se que todas as áreas revisem suas estratégias e elevem suas ambições. As áreas que estão começando precisam de mais pressão de crescimento. As margens atuais desses novos produtos são interessantes, pois são maiores do que as da "vaca leiteira" atual; porém, as taxas de crescimento precisam ser muito mais elevadas do que está sendo apresentado.

Bem, se eu estivesse no lugar do Edu Júnior, este seria meu plano:

- Foco em comunicação interna clara sobre os desafios, inspirada por exemplos de empresas que falharam em se reinventar, como Kodak e Blockbuster.

- Definição de três metas-gatilho globais: EBITDA geral, receita geral e receita combinada das áreas BB e DD. A falha em atingir qualquer uma dessas metas resultaria na suspensão de bônus para toda a empresa, reforçando a importância da colaboração e da responsabilidade compartilhada.

- Aumentar as metas de EBITDA em 30% para os produtos AA e CC, ao passo que os produtos BB e DD receberiam metas de crescimento de pelo menos 200%. Essa abordagem visa fomentar uma cultura de alto desempenho e inovação contínua, essencial para criar uma organização ambidestra capaz de equilibrar a "vaca leiteira" com a exploração de novas oportunidades.

Assim, este seria o novo demonstrativo de resultados da empresa, indicando as principais metas para o novo período:

Produto	AA	BB	CC	DD	Total
Receita		30		15	
Margem bruta (%)	20%	40%		50%	
Custos com pessoas			-20%		
EBITDA	30%		30%		20
Crescimento da receita (%)		200%		200%	
Total da receita (%)					

Fazendo uma previsão de futuro, este é um possível resultado esperado para a reestruturação que fizemos na Edu Metalúrgica:

Edu Metalúrgica 3 anos após reestruturação

A "interrogação" DD conseguiu se tornar "estrela", escalou as vendas e depois de três anos é responsável por 65% da receita da companhia. Por outro lado, o experimento BB foi encerrado por não conseguir atender às expectativas de crescimento de 200% ao ano. João resistiu às mudanças e não conseguiu reinventar seu modo de operar nem tomar as decisões difíceis de cortes necessários para o negócio se tornar relevante em termos de EBITDA. Como resultado, depois de quatro meses, João foi desligado e, depois de dezoito meses, a operação CC foi encerrada. Felizmente, muitos dos excelentes profissionais foram transferidos para a área DD, que demandou muita gente boa.

Ao mesmo tempo, a empresa passou a ter lucratividade saudável para financiar mais experimentos, e surgiram novas áreas (EE, FF e GG) como apostas para os próximos anos. Paralelamente, a área AA conseguiu otimizar seus processos e, mesmo com alta concorrência no mercado, conseguiu manter EBITDA saudável de 25% cortando custos e sendo muito mais eficiente. Além disso, muitos recursos foram redirecionados para a área DD, que foi a principal responsável por a empresa passar a valer dez vezes mais em três anos de trabalho duro.

A implementação das estratégias discutidas no estudo de caso fictício da Edu Metalúrgica visa não apenas melhorar os resultados financeiros mas também promover uma cultura organizacional focada em enfrentar desafios com transparência e inovação. Ao equilibrar a eficiência operacional das unidades maduras com o investimento em áreas de alto potencial, a empresa busca se posicionar como uma referência no mercado, capaz de navegar por ambientes voláteis e incertos com resiliência e criatividade. Eu esperaria que o João tomasse decisões difíceis e mostrasse alguma evolução na direção que queremos. É natural que, no primeiro ano após essas mudanças, algumas metas não sejam atingidas. Nesse momento é bom que as pessoas fiquem sem bônus e entendam onde erraram e como farão melhor nos próximos ciclos. Mesmo quando isso acontece, é importante celebrar pequenas vitórias e amadurecimentos, porque isso vai movimentando a cultura da empresa no rumo correto. Apesar de esse ser apenas um exemplo para fins didáticos, eu vivi casos muito parecidos com esse na minha história, e tenho muita confiança de que esse método funciona se aplicado com perseverança.

Chegar até aqui implementando tudo isso é um baita desafio. Você vai sofrer muita pressão, e, de acordo com minha experiência, prevejo que 10%

a 20% das pessoas vão odiar tudo o que você vai fazer, mas, se passar por tudo isso com resiliência, acredito fortemente que vai colher frutos saborosos. Como você sabe, muitas vezes você vai se sentir solitário durante o processo, e algumas decisões machucam. Isso vai fazer você uma pessoa empreendedora mais forte e mais experiente.

Vamos passar agora para a próxima etapa, na qual vou ajudar você a fazer sua autogestão. Vamos ver conceitos práticos que vão apoiar você na implementação das ferramentas citadas. Aperte os cintos, vamos decolar!

CAPÍTULO 9
AUTOGESTÃO, UM CAMINHO PARA A ALTA PERFORMANCE

O **sucesso do desafio de liderar está diretamente ligado à** capacidade de gerenciar a si mesmo e suas prioridades. Vivemos em um mundo de distrações constantes e demandas concorrentes, o que torna essencial dominar técnicas de autogestão para focar o que realmente importa. Este capítulo explora alguns fundamentos disso, oferecendo ferramentas práticas e exemplos reais que o ajudarão a transformar sua rotina, alcançar resultados extraordinários e, mais importante, viver de maneira equilibrada e alinhada ao seu propósito.

Compartilhando sinceramente um depoimento pessoal com você, ajustar as práticas de autogestão precisa ser algo constante em nossa vida, pois ao longo do tempo tendemos a relaxar com algumas coisas. Ter uma bússola que de vez em quando nos guia de volta ao caminho correto é fundamental.

Um líder eficaz se constrói com a combinação de habilidades técnicas (hard skills) e habilidades interpessoais (soft skills). As habilidades técnicas são específicas e mensuráveis, que geralmente podem ser aprendidas por meio de cursos, treinamentos ou experiência prática. Exemplos incluem fluência em uma língua estrangeira, conhecimento em programação, domínio de softwares específicos ou habilidades em contabilidade. Essas competências são mais fáceis de demonstrar e quantificar, sendo frequentemente listadas em currículos e avaliadas em entrevistas ou testes técnicos. Já as habilidades comportamentais e interpessoais estão relacionadas à maneira como uma pessoa lida com outras pessoas e com desafios no ambiente profissional. Elas incluem comunicação, liderança, empatia, resiliência, trabalho em equipe e capacidade de resolver conflitos. Diferentemente das hard skills, as soft skills são mais subjetivas e difíceis de medir, mas são cada vez mais valorizadas pelas empresas, pois ajudam a criar ambientes de trabalho colaborativos e produtivos. O equilíbrio entre essas duas categorias é essencial: enquanto as hard skills garantem que um profissional saiba executar tarefas técnicas, as soft skills asseguram que ele consiga se adaptar, liderar e se relacionar efetivamente em relação a sua equipe.

Entretanto, eu vou além disso. Acredito ser extremamente importante a pessoa investir em autoconhecimento para acelerar seu processo de amadurecimento nos dois tipos de habilidade. Quanto mais você investir em conhecimento profundo sobre seus medos, traumas e anseios, mais você vai ganhar informações valiosas para evoluir como gestor. Claro, nunca deixe de investir em sua formação. Sou imensamente grato ao melhor gestor que tive na vida, Flávio Stecca, hoje diretor de tecnologia do iFood. Ele teve uma paciência incrível em me ajudar a entender meus pontos de melhoria e comprou a ideia de me mandar estudar em Stanford. Sou o profissional que sou hoje graças ao Flávio.

TERAPIA

Em março de 2020, nós anunciamos a venda da Wavy para a empresa sueca Sinch. Depois de sacramentada a venda, o plano seria que eu assumisse uma operação com setecentas pessoas distribuídas em onze países. Essas equipes vinham de seis empresas que foram adquiridas pela companhia. Nesse momento, minhas duas grandes referências em RH e grandes amigas me deram um feedback duríssimo: "Se você não fizer terapia, nossa vida vai virar um inferno". Elas sabiam que meu apetite para impor um ritmo frenético de batimento de metas conflitaria com o tempo necessário para integrar a empresa. Como me conhecem bem, elas previram que eu precisaria me reinventar como líder para influenciar outros líderes na organização e também para liderar outras lideranças em países com culturas bastante diferentes. Elas estavam certas. E foi assim que eu iniciei as sessões de terapia.

Eu era uma daquelas pessoas que tinha certo receio com relação ao tratamento terapêutico, tinha certeza de que não precisava de nada daquilo. Lembro que, na minha primeira sessão, falei que estava tudo bem, que eu era superfeliz, que tinha uma família linda, que estava no auge da minha carreira e que tinha grandes planos profissionais para os próximos anos. Eu gosto de falar que as pessoas que mais precisam de terapia são aquelas que acham que não precisam.

Aos poucos, a dona Mara (nome da minha psicóloga) foi me ajudando a entender o porquê de algumas das minhas reações, começou a buscar na minha história as motivações para momentos de explosão e, principalmente, me ajudou a entender meus medos. Acho que a principal descoberta foi que minha tendência em controlar muito as coisas para me sentir seguro tinha de dar espaço para a convivência com incertezas. Era muito provável que eu precisaria de mais tempo do que estava acostumado para colocar todos os planos em ordem e era muito possível que eu fracassasse em algumas iniciativas. Diante do tamanho do desafio, eu teria de aprender a gerenciar com muito menos controle, usando mais a influência e a inspiração do que a gestão. Liderar pessoas de culturas organizacionais e de países diferentes demandaria muito mais paciência e escuta.

Esse amadurecimento teve consequências muito interessantes em outras partes da minha vida. Eu tinha muito medo de voar de avião, principalmente depois que meus filhos nasceram. A cada viagem, eu tinha de tomar remédios contra o pânico para conseguir chegar descansado ao destino. Antes disso, eu chegava completamente esgotado, mental e fisicamente. Por exemplo, eu queria verificar, do meu assento, se os pilotos estavam fazendo tudo certo. Eu me peguei algumas vezes pensando coisas como "Eu acho que esse avião está pousando com velocidade muito acima do desejável", "Acho que a abertura do trem de pouso está atrasada". Com o autoconhecimento da terapia, passei a ficar muito mais tranquilo para voar. Hoje, viajo normalmente de avião e consigo controlar meus medos durante as viagens usando meditação.

Na vida profissional, minhas sessões passaram a ser ferramentas de resolução de problemas e estratégia para gerenciar conflitos, sendo cruciais para eu buscar maior felicidade em meu trabalho. Elas também me ajudaram a organizar melhor minha agenda, balancear melhor a vida pessoal e profissional, deixando mais claro para mim o que era realmente importante para minha vida. A partir daí, era preciso priorizar minha agenda valorizando um dos nossos mais preciosos tesouros: nosso tempo.

FAÇA DO TEMPO SEU ALIADO, E NÃO SEU INIMIGO

A autogestão não envolve apenas ser produtivo no trabalho; trata-se de equilibrar todas as áreas da vida. Para isso, é fundamental entender como você está hoje e traçar um plano para alcançar o equilíbrio desejado, que vai impactar diretamente, e melhorar o uso do próprio tempo.

Um dos instrumentos mais impactantes que utilizei ao longo dos anos foi a **Roda da Vida**, criada por Paul J. Meyer. Muito usada por coaches e mentores, ela permite uma análise visual das áreas mais importantes da vida, como saúde, carreira, finanças, família, espiritualidade e lazer, ajudando a identificar desequilíbrios e oportunidades de crescimento.

Essa é uma excelente ferramenta para você fazer um diagnóstico de como está o balanceamento de sua vida neste momento. Minha sugestão é você investir pelo menos uma hora de seu tempo para fazer esse exercício simples, sobre o qual você pode encontrar mais detalhamento na internet.[69]

A roda costuma ter esta aparência:

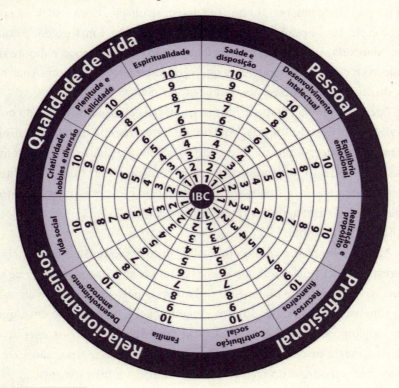

---

[69] MARQUES, J. R. Roda da Vida: o que é e como funciona? **Instituto Brasileiro de Coaching**, 27 mar. 2025. Disponível em: www.ibccoaching.com.br/portal/coaching/conheca-ferramenta-roda-vida-coaching/. Acesso em: 9 abr. 2025.

Repetir esse exercício de tempos em tempos é muito interessante para você ver como evoluiu ao longo de sua jornada e como suas prioridades podem mudar.

Ao fazer a Roda da Vida, avaliar como você está é o primeiro passo; quanto mais sincero e exigente você for, melhor. Em 2011, logo que minha primeira filha nasceu, realizei esse exercício pela primeira vez no Instituto Paulo Vieira. Minha roda mostrava que eu estava com uma vida mediana. Hoje, penso que eu poderia ter sido mais rigoroso em alguns quesitos, dando notas mais baixas para o que realmente não estava indo bem.

Depois de entender como está sua vida, o segundo passo é refazer o exercício considerando o cenário aonde você pretende chegar. Normalmente faço pensando em, no mínimo, um ano de evolução. Com isso, você consegue conectar os pontos e traçar um plano de ação. Em seguida, escolha três pilares da sua vida em que você quer ter o maior avanço e monte um plano com cinco ações concretas que vão ajudar você a melhorar suas notas, de preferência com prazos e indicadores claros.

Por exemplo, ao mapear minha roda, percebi que minha vida conjugal estava desequilibrada. Apesar de estar focado em fazer minha empresa crescer, o tempo dedicado à minha família era insuficiente. Isso me levou a tomar ações concretas, como agendar noites regulares com minha esposa e desligar o computador e o celular em horários específicos. O impacto foi imediato: uma relação mais forte e maior equilíbrio emocional.

Além disso, usei a roda para avaliar minha saúde. Eu negligenciava exercícios físicos diários, fazia apenas algumas atividades nos fins de semana, como futebol e tênis. Não tinha regras para consumo de álcool e não tomava nenhum cuidado com alimentação. Confesso que em alguns pontos, como alimentação, eu não sou tão eficiente, mas os exercícios físicos viraram prioridade em minha vida. Em pouco tempo, não só melhorei minha energia no trabalho como também minha disposição para lidar com desafios.

Para terminar o processo, monte um Mapa da Vida Extraordinária, fazendo uma colagem de imagens que vão simbolizar para onde você deseja levar sua vida no futuro. Olhar para esse mapa constantemente vai empurrar você na direção que você determinou para cada pilar de sua vida.

Além da Roda da Vida, outras estratégias práticas podem ajudar a equilibrar a vida pessoal e profissional. Reservar as primeiras horas do dia para fazer exercícios físicos, meditar ou focar suas prioridades, por exemplo, são ações que podem ajudar seu dia a ter mais qualidade e produtividade. Outra tática eficaz é bloquear horários na agenda para atividades importantes, incluindo momentos em família, atividades domésticas, exercícios físicos e momentos de descanso. No início, pode parecer estranho bloquear tempo para algo como uma caminhada, mas isso aumenta a energia e a clareza mental, resultando em maior produtividade durante o resto do dia.

Depois de entender como está sua vida e para onde você quer ir, é preciso agir. Entender alternativas para promover mudanças reais em seu cotidiano é fundamental para criar hábitos que vão direcionar você para uma rotina vencedora. Eu li muito e fiz muitos experimentos que me ajudaram a ter uma vida mais balanceada e com mais eficiência. Não acho que você precise copiar o que eu fiz, mas acho que você precisa começar a experimentar algumas mudanças e ir adaptando sua vida com o que der mais resultado.

Um dos livros mais úteis que eu li e que me ajudou muito a decidir por algumas das boas práticas que adotei é o *Outlive*,[70] de Peter Attia com Bill Gifford. Eles defendem que o objetivo não é apenas viver mais, mas viver melhor, com vitalidade e qualidade de vida. Os autores exploram as quatro principais causas de morte – doenças cardiovasculares, câncer, doenças neurodegenerativas e declínio metabólico – e explicam como intervenções como nutrição, exercício, sono e controle do estresse podem reduzir significativamente esses riscos. É abordado também o conceito de "mortalidade atrasada", destacando-se a importância de cuidar do corpo e da mente de maneira integrada ao longo da vida. Então, vamos falar agora de exemplos práticos para promover melhorias à nossa saúde.

---

70 ATTIA, P.; GIFFORD, B. **Outlive**: a ciência e a arte da longevidade. Rio de Janeiro: Intrínseca, 2023.

SAÚDE

"Sem um CPF funcionando bem, não há CNPJ de sucesso." Eu sempre repito isso em minhas conversas com pessoas empreendedoras. É importante você entender que, quanto mais essas partes interagirem e estiverem em sintonia, melhor será o resultado, e o cuidado com seu corpo e sua mente são imprescindíveis para você atingir seus objetivos.

Depois de decidir que eu queria priorizar minha saúde, comecei a literalmente colocar isso na agenda. Primeiro, decidi que faria exames de sangue no mínimo uma vez por ano para medir os principais indicadores vindos desse canal. Coloquei na agenda esses compromissos e passei a cumpri-los de modo rigoroso. Fazendo isso com planejamento, você pode escolher datas que são mais convenientes para você. Por exemplo, foi em um desses exames que descobri que muito do cansaço que eu sentia na época vinha de um problema na glândula tireoide. Quando desregulada, um dos sintomas é fadiga. Corrigindo isso, minha disposição para tudo aumentou muito!

Exercícios físicos

Enquanto estou escrevendo este livro, estou em uma viagem de quatorze meses pelo mundo com minha família (que talvez dê conteúdo para o próximo livro...). Estamos morando em média trinta dias em cada país que visitamos, cada um carregando uma mala de mão e uma mochila. Nesse cenário, nós temos de nos adaptar a cada nova realidade o tempo todo. A coisa mais fácil a se fazer seria usar a viagem como muleta para deixar de lado os exercícios.

A primeira coisa que eu fiz foi colocar uma meta de fazer pelo menos 30 minutos de atividade física todos os dias. Pode ser uma caminhada, uma corrida, um exercício dentro do quarto, uma aula de artes marciais, uma visita na academia do bairro ou mesmo uma atividade nos aparelhos nas praças públicas. No meu caso, eu tenho um relógio de pulso que me ajuda a medir isso, mas muitos aplicativos gratuitos de smartphone podem ajudar você nesse objetivo.

Nesse cenário, eu descobri que, se há disciplina, não há desculpa de tempo, dinheiro, deslocamento, local ou qualquer outra coisa para não fazermos isso acontecer. Com um par de tênis, um relógio de pulso e um smartphone no bolso, você tem tudo para resolver esse problema.

Passei até por situações curiosas e engraçadas nesse processo. Na Nova Zelândia, quando estava em uma viagem de *motorhome* na Ilha Sul, que tem o clima mais frio, tinha de correr com a temperatura gelada. Acabei priorizando mais os exercícios dentro de casa. Em Melbourne, na Austrália, ficamos em um apartamento que tinha uma boa academia e uma piscina para treino de natação, além de ter uma trilha linda para correr na beira do rio Yarra. Quando cheguei a Bali, na Indonésia, fui atacado por cachorros vira-latas umas dez vezes em uma única corrida e decidi que lá eu priorizaria os exercícios abdominais dentro de casa. Na Tailândia, descobri uma academia de Muay Thai a 300 metros da casa em que ficamos hospedados. Comprei um pacote de aulas para mim e para meu filho. Procure experimentar algumas possibilidades que estão perto de sua realidade e comece a mexer o esqueleto, com disciplina! E não se esqueça: é muito importante procurar orientação e apoio dos profissionais de saúde e educação física.

Em umas das sessões individuais de mentoria corporativa que eu dou, meu cliente me disse que não fazia absolutamente nada e trabalhava 14 horas por dia. Ele é um *workaholic* (viciado em trabalho) típico. Consegui convencê-lo a fazer 30 minutos de esteira ou de caminhada todos os dias, ouvindo seu podcast favorito, assim ele não "perderia tempo" com a atividade. Um mês depois, ele me contou superfeliz que estava conseguindo correr, com algumas partes de caminhada, durante uma hora inteira! O mais legal foi que ele disse que passou a dormir melhor e se sentir mais produtivo no trabalho.

Sono também é saúde e muito mais!

O sono é uma das ferramentas mais subestimadas na vida de um empreendedor, mas seu impacto na produtividade, na clareza mental e na saúde emocional é imensurável. Durante o sono, o corpo se recupera, reparando tecidos, fortalecendo o sistema imunológico e consolidando memórias essenciais para a tomada de decisões estratégicas. A falta de sono, por outro lado, afeta diretamente a capacidade de resolver problemas, inovar e lidar com o estresse diário do mundo dos negócios. Por exemplo, um estudo[71] mostrou que a privação de sono reduz a eficiência cognitiva e aumenta a probabilidade de erros, algo que pode ser decisivo em um ambiente corporativo competitivo. Empreendedores que priorizam o sono percebem melhorias não apenas na saúde física e mental mas também na capacidade de liderar com clareza e resiliência, transformando-o em um aliado poderoso para o sucesso a longo prazo.

Adotar práticas de higiene do sono é crucial para garantir que o descanso seja verdadeiramente reparador, sem contar que ter uma boa rotina de sono é um dos ingredientes para chegarmos aos 100 anos com qualidade, segundo o livro do Peter Attia.

De acordo com a Organização Mundial da Saúde[72] e algumas dicas do livro de Attia, algumas práticas favorecem uma qualidade melhor de sono, principalmente para combater o estresse. São elas:

- Estabelecer uma rotina consistente de horários para dormir e acordar ajuda a regular o ritmo circadiano, otimizando a energia e o foco ao longo do dia.
- Criar um ambiente de sono propício – com silêncio, escuridão e temperatura confortável, se possível em torno de 23° C – e limitar a exposição a telas antes de dormir são passos simples que promovem um descanso profundo. Até as luzes que ficam ligadas no stand-by dos televisores, computadores e interruptores podem atrapalhar o sono. Se conseguir dormir no escuro total, melhor.
- Evitar refeições duas horas antes de dormir. Seu corpo gasta muita energia digerindo os alimentos, o que pode atrapalhar o processo para o sono reparador.

---

71 PESQUISA revela impacto da duração do sono na função cognitiva em adultos. **Faculdade de Medicina UFMG**, 16 jul. 2024. Disponível em: www.medicina.ufmg.br/pesquisa-revela-impacto-da-duracao-do-sono-na-funcao-cognitiva-em-adultos. Acesso em: 9 abr. 2025; RIBEIRO, T. A. **Duração do sono, insônia e função cognitiva**: performance e declínio em quatro anos de seguimento na coorte ELSA-Brasil. Tese (Doutorado em Saúde Pública) – Universidade Federal de Minas Gerais, Belo Horizonte, 2024. Disponível em: https://repositorio.ufmg.br/handle/1843/78437?locale=pt_BR. Acesso em: 9 abr. 2025.

72 STRESS. **World Health Organization**, 23 fev. 2023. Disponível em: www.who.int/newsroom/questions-and-answers/item/stress. Acesso em: 9 abr. 2024.

- Evitar ingestão de água duas horas antes de dormir pode evitar corridas ao banheiro para urinar ao longo da noite. Isso também atrapalha o processo para atingir o sono reparador.

Eu segui essas orientações e funcionou muito bem comigo!

Existem vários aplicativos para smartphone e plataformas que conseguem medir a qualidade do sono usando relógios inteligentes, anéis eletrônicos ou mesmo o microfone do celular. Eu testei alguns, mas o que mais gostei é do AutoSleep,[73] aplicativo de uma empresa australiana que funciona bem com o Apple Watch. Alguns amigos que não conseguem dormir com relógio de pulso usam o Oura Ring, o Samsung Ring ou o UltraHuman Ring. Eu me programo para ter oito horas de sono todos os dias, e especialistas dizem que o sono profundo pode variar entre 13% e 23% desse tempo. Quando meu sono profundo passa de uma hora e meia, eu fico satisfeito, mesmo tendo dormido menos de oito horas.

ÁLCOOL: AMIGO APARENTE NA SOCIALIZAÇÃO E PROVÁVEL VILÃO DA ALTA PERFORMANCE

Se você me perguntar: "Qual é a coisa que você mais gosta de fazer na vida?", minha resposta será "Fazer um churrasco com amigos e família, tomando cerveja e tocando violão". Adoro ir a um boteco falar bobagem, dar risada e tomar cerveja. Amo rever amigos de longa data e relembrar as histórias do passado em uma mesa de bar. Durante muito tempo da minha vida, minha rotina incluía uma cervejinha depois do futebol nas terças-feiras, happy hour nas quintas-feiras, festas ou churrascos nas sextas-feiras e sábados e, para fechar a semana, um domingo no clube com piscina e, é claro, mais cerveja. Há mais de quinze anos eu vi que esse ritmo não era sustentável e que muitas vezes eu não conseguia produzir meu melhor no dia seguinte. Minhas primeiras decisões foram deixar de beber durante a semana de trabalho, trocando a cerveja por água com gás, e também parei totalmente de tomar bebidas mais fortes como uísque,

---

73 AUTOSLEEP. Disponível em: https://autosleepapp.tantsissa.com/. Acesso em: 9 abr. 2025.

vodca, tequila e rum – abrindo uma exceção apenas em eventos muito especiais, quando, por exemplo, eu visitava um time que eu gerenciava em outro país.

Pude comprovar a enorme diferença entre minha vida com ingestão regular de álcool e a com rara ingestão de álcool. A verdade é que quando ingerimos álcool estamos colocando uma carga de trabalho muito maior em nosso organismo para processar isso. Essa atitude, se feita por muitos anos e com frequência, certamente vai degradar a máquina. Não quero nesse momento ser radical e cravar um plano perfeito, mas a ciência já tem evidências suficientes para sabermos que quanto mais você evitar o álcool, melhor seu corpo vai funcionar, e a tendência é você conseguir viver mais tempo e com mais saúde.

PRIORIZAÇÃO: SUA AGENDA TAMBÉM PRECISA DE SAÚDE. APRENDA A DIZER NÃO!

Uma das coisas mais difíceis, principalmente para nós, latinos, que temos um lado social muito forte em nossa cultura, é aprender a dizer não. Quando você encontra aquela sua amiga de longa data, ela fala "Vamos tomar um chopp qualquer hora!" e você não quer ir, a resposta comum é "Vamos sim! A gente marca!", e você acaba fugindo e nunca marcando. Uma resposta direta nesse caso pode até ser vista como mal-educada, algo como "Não me leve a mal, mas eu não estou bebendo álcool e estou concentrando minha agenda na nova startup que estou montando e na família nas horas livres".

Muitas vezes enquanto eu trabalhava na Sinch, que era uma empresa grande com muitas hierarquias, as pessoas me diziam: "O pessoal do compliance marcou uma reunião semanal que é um saco, eu tenho que ir e perco um tempo precioso!". Minha resposta era: "Não vá, diga que você tem coisas mais prioritárias para serem resolvidas". Falar "não", principalmente para convocações e ordens de superiores, muitas vezes é um tabu. Nesse caso, eu aconselho você, líder, a ter conversas adultas, educadas e bem fundamentadas, mostrando que priorizar os itens da agenda é algo fundamental para seu desenvolvimento profissional. Isso cabe também a você, líder, que enche a agenda de seus subordinados com reuniões. Avalie se todas elas são realmente produtivas.

150 Inquietação empreendedora

A priorização é a essência da produtividade. A técnica mais poderosa que aprendi foi o Princípio de Pareto,[74] que diz que 80% do impacto de nossas ações é gerado por 20% de nossas iniciativas. Essa regra também pode ser aplicada em várias outras situações, como ver que aproximadamente 80% do faturamento de uma empresa vem de 20% dos clientes, ou 80% da riqueza de um país se concentra em 20% da população, ou 80% das doações de uma ONG vêm de 20% dos doadores. Minha intenção não é falar da teoria em si, mas dizer que essa é uma ferramenta que pode ajudar você a medir a eficiência de suas ações, reuniões, projetos e iniciativas, comparando-os ao impacto de tudo isso no resultado de seu trabalho.

Se você quiser experimentar, pegue sua agenda semanal, liste em uma folha de papel na coluna à esquerda todos os lançamentos que você tem ali. Inclua também os espaços vazios usados para fazer outras atividades profissionais. Agora coloque uma numeração ao lado, classificando as reuniões por ordem de impacto nos resultados da empresa, em que 1 é a mais impactante e N é a menos impactante. Provavelmente, você vai notar que apenas 20% dos itens de sua agenda são realmente relevantes para o impacto direto em 80% do resultado de seu trabalho. Meu conselho nesses casos é: delete os 80% menos importantes e aumente a dedicação nas atividades que estão dentro dos 20% mais importantes. Mas sei que às vezes você pode se esbarrar em temas polêmicos, como reuniões que o chefe mandou você ir ou aquela reunião que o jurídico afirmou categoricamente que é superimportante.

Quando fiz o Stanford Executive Program, aprendi uma dica supersimples que me ajuda até hoje a aplicar o Pareto todos os dias: quando estiver terminando seu dia de trabalho, liste as três prioridades mais importantes do dia seguinte em um post-it e cole na tela do monitor; no dia seguinte, não faça nada antes de terminar de executar essas três coisas principais. Esse pequeno gesto, feito ao final do expediente anterior, reduz o tempo perdido na tomada de decisões ao começar o dia e garante que você trabalhe no que realmente importa antes de se perder em tarefas secundárias. Para decidir o que vai colocar no post-it, faça a si mesmo estas perguntas:

---

74 PARETO principle. *In*: WIKIPEDIA. Disponível em: https://en.wikipedia.org/wiki/Pareto_principle. Acesso em: 9 abr. 2025.

- Quais tarefas têm maior impacto no resultado final?
- O que apenas eu posso fazer, que não pode ser delegado?
- Que decisões precisam ser tomadas para desbloquear o trabalho de outras pessoas?

O princípio de Pareto pode funcionar também para priorizar os projetos que existem na empresa, e descobrir o impacto concreto de cada um no negócio pode ajudar. Ver quais iniciativas contribuem para 80% dos resultados vai acelerar a construção da Matriz BCG, forçando decisões difíceis com seus "abacaxis".

Tudo isso não é fácil de ser implementado, muito menos de ser mantido. Para que isso tenha impacto profundo em sua performance, é preciso aliar essas técnicas de priorização e essas mudanças de hábitos com algo fundamental na vida da liderança: disciplina – nosso próximo assunto.

CAPÍTULO 10
DISCIPLINA: O ALICERCE DA ALTA PERFORMANCE

A disciplina é o elemento-chave que transforma planos em ações, sonhos em resultados e boas intenções em hábitos duradouros. Vale lembrar que, em geral, nós, brasileiros, somos conhecidos como criativos, flexíveis e sociais, e que, comparados a outras culturas, como a alemã, a japonesa ou a coreana, não temos notas tão altas no quesito disciplina. Quero dizer que a disciplina requer para nós uma atenção especial para ser transformada em um superpoder.

No capítulo anterior, exploramos técnicas como a Roda da Vida, o Princípio de Pareto e a importância de cuidar da saúde física e mental para alcançar equilíbrio e alta performance. No entanto, nenhuma dessas estratégias terá impacto real sem a base sólida da disciplina. É ela que nos mantém no caminho certo, mesmo diante de desafios, distrações e da inevitável tentação de abandonar o plano traçado.

Isso não envolve apenas autocontrole; abrange também consistência e compromisso com nossos objetivos de longo prazo. Para muitos, o maior desafio não está em definir metas ou criar um plano de ação, mas em sustentar os comportamentos necessários para alcançá-los. Neste capítulo, então, vamos aprofundar como cultivar a disciplina e integrá-la à sua rotina, de maneira que ela se torne uma aliada indispensável em sua jornada como líder, empreendedor ou profissional.

Um erro comum é confundir disciplina com força de vontade. A força de vontade é limitada e tende a se esgotar ao longo do dia, sobretudo quando enfrentamos muitas decisões ou situações estressantes. A disciplina, por outro lado, é inspirada por um sonho grande e construída por meio de hábitos, rotinas e sistemas que reduzem a necessidade de depender constantemente da força de vontade.

Um exemplo simples é a rotina matinal. Imagine um líder que deseja começar o dia com exercícios físicos. Se depender apenas da força de vontade, provavelmente haverá dias em que ele escolherá ficar na cama. Mas, se ele estabelecer o hábito de preparar as roupas de treino na noite anterior e definir um alarme em um horário fixo, ele cria um sistema que reduz a fricção e facilita a adesão à rotina, mesmo em dias de baixa motivação. Há um livro muito interessante que fala do poder dos hábitos com dicas preciosas para você evitar fricção nas coisas que podem atrapalhar sua rotina. Estou falando do *Hábitos atômicos*.[75]

Conversando com o Guilherme Bonifácio (um dos fundadores do iFood, investidor e apoiador de projetos sociais como 42 São Paulo, Sempre FEA e Ensina Brasil),[76] ele destacou que uma das coisas que o time da Movile mais agregou para eles no início da empresa foi a disciplina de seguir o modelo de gestão. Ele também mencionou nossa capacidade de sonhar muito grande, mas recorda com gratidão as rotinas e os ritos que aprendeu a seguir para manter o ritmo da empresa.

COMO SER DISCIPLINADO

A disciplina nasce da clareza de propósito e da estrutura adequada para sustentar comportamentos. A seguir estão três elementos fundamentais para criar um sistema disciplinado: clareza quanto a objetivos, rotinas/hábitos e monitoramento/ajustes.

Clareza de objetivos de longo prazo

Disciplina sem um objetivo claro é como navegar sem um destino. Saber exatamente o que você quer alcançar – seja melhorar sua saúde, fazer sua empresa crescer ou ter mais tempo com a família – é o primeiro passo para construir disciplina. Defina metas específicas e mensuráveis, como aumentar a receita de sua empresa em 20% ou reservar trinta minutos diários para exercícios físicos. Coloque isso no papel e depois desdobre suas ações na agenda e no calendário, escreva isso em um quadro em seu quarto ou sua

---

75 CLEAR, J. **Hábitos atômicos**: um método fácil e comprovado de criar bons hábitos e se livrar dos maus. Rio de Janeiro: Alta Books, 2019.

76 42 SÃO PAULO. Disponível em: www.42sp.org.br/. Acesso em: 9 abr. 2025; SEMPRE FEA. Disponível em: https://semprefea.org.br/. Acesso em: 9 abr. 2025; ENSINA BRASIL. Disponível em: www.ensinabrasil.org.br/. Acesso em: 9 abr. 2025.

mesa de trabalho. Olhe para essa meta todos os dias e siga o slogan da Nike: *Just do it!* [Apenas faça!].

Vale retomarmos as ferramentas que foram passadas para você ao longo do Método do Octógono. Por que o Mapa Estratégico é tão importante em nosso modelo de gestão? É porque ele alinha claramente todos da empresa em volta dos mesmos objetivos. Se seguirmos o método corretamente, todos os meses vamos ter um ritual de olhar, durante três ou quatro horas de reunião, para o mapa e discutir quais ações faremos para atingir todos os nossos objetivos. Faça o mesmo com sua rotina pessoal; use a Roda da Vida e o Mapa da Vida Extraordinária como ferramentas do dia a dia para lhe mostrar a direção.

Em outubro de 2023, eu passei por uma das experiências mais maravilhosas da minha vida, correndo os 42 quilômetros da Maratona de Chicago em 4 horas e 46 minutos sem parar, sem me machucar. Quem corre maratonas sabe que o dia da prova é a parte mais fácil da aventura. Você precisa tomar cuidado para dormir bem, ir ao banheiro na hora certa antes da prova, não tropeçar e cair e, obviamente, não sair forçando o ritmo no início da prova. O duro mesmo são os seis meses anteriores ao dia da prova, durante a rotina de treinos. São incontáveis os dias em que eu tive muita preguiça de levantar da cama para treinar, com dores musculares, joelho inchado, unha machucada etc. Além disso, nossa mente cria desculpas e medos que nos travam e atrapalham a rotina.

Eu decidi investir tempo e energia no projeto de correr uma maratona depois de, há quinze anos, ter passado pelo rompimento do menisco do joelho das duas pernas. Os médicos na época me aconselharam a não operar e investir em fisioterapia para ter uma vida normal, mas me pediram que deixasse a corrida e esportes de alto impacto no joelho, como o futebol e o tênis. Durante uns quinze anos, eu troquei a corrida pela bicicleta, e todas as vezes que eu tentava correr meu joelho inchava muito. Cheguei a correr os 15 quilômetros da São Silvestre na base do sacrifício para realizar um sonho de criança, mas definitivamente os médicos me condenaram a parar de fazer algo de que eu gostava muito. Para mim, o objetivo principal de correr a maratona era deixar uma imagem de resiliência e trabalho duro para meus filhos, provando para eles que, com disciplina, trabalho duro e propósito, nós conseguimos tudo na vida.

Com isso em mente, nos momentos em que a preguiça batia, eu pensava na lição que queria dar para meus filhos e mentalizava eu chegando para encontrá-los com a medalha no peito e a história de superação no coração. No final, deu tudo certo!

Rotinas e hábitos

Como discutido no capítulo anterior e também na apresentação do Modelo de Gestão, ferramentas como o Mapa Estratégico, a análise SWOT, a Matriz BCG, o Princípio de Pareto e a Roda da Vida ajudam a fazer diagnósticos e identificar prioridades. A próxima etapa é transformar essas prioridades em hábitos diários. Por exemplo, se o sono é um pilar importante para você, crie uma rotina noturna que inclua desligar os dispositivos eletrônicos uma hora antes de dormir e manter um horário consistente para se deitar. Para isso, a forma mais fácil de fazer acontecer é usar uma ferramenta que temos na palma da mão: nossa agenda e calendário!

Coloquei um modelo do que seria para mim uma agenda ideal, em que eu consiga balancear questões de saúde, profissionais e pessoais e montar uma rotina eficiente no trabalho. É óbvio que cada profissão e situação pessoal pode influenciar em aspectos importantes da agenda, como tempo de deslocamento no trânsito, rotina de visita a clientes, viagens a trabalho. Não quero impor minha agenda a vocês, mas quero desafiar você a montar a sua e tentar segui-la o máximo possível.

Você vai reparar que eu coloco na agenda os horários de acordar e dormir, mantendo as oito horas de sono, que é a base para eu atingir os 90 minutos de sono profundo que determinei como meta pessoal. Antes de dormir, faço alguma atividade com as crianças, que normalmente é um jogo, um filme ou um passeio perto de casa para tomar um sorvete, um suco ou refrigerante. O ideal é que eu use o menos possível o smartphone a partir dessa hora (confesso que é um item em que tenho que melhorar muito!).

	SEGUNDA 9	TERÇA 10	QUARTA 11	QUINTA 12	SEXTA 13	SÁBADO 14	DOMINGO 15
6 AM	Acordar, 5:30 am	Acordar, 5:30 am	Acordar, 5:30 am	Acordar, 5:30 am	Acordar, 5:30 am		
7 AM	Treino 6:30 - 7:20 am	Treino 6:30 - 7:20 am	Treino 6:30 - 7:20 am	Treino 6:30 - 7:20 am	Treino 6:30 - 7:20 am	Acordar, 7 am	
8 AM	Meditação, 7:30 am	Meditação, 7:30 am	Meditação, 7:30 am	Meditação, 7:30 am	Meditação, 7:30 am	Meditação, 7:30 am	Meditação, 7:30 am
9 AM	3 prioridades do dia de trabalho 8 - 9:50 am	3 prioridades do dia de trabalho 8 - 9:50 am	3 prioridades do dia de trabalho 8 - 9:50 am	3 prioridades do dia de trabalho 8 - 9:50 am	3 prioridades do dia de trabalho 8 - 9:50 am	3 prioridades do dia de trabalho 8 - 9:50 am	3 prioridades do dia de trabalho 8 - 9:50 am
10 AM	Reunião Semanal Líderes 10 - 10:50 am			1:1 com Funcionário 1 10 - 10:50 am	Reunião de Priorização 10 - 10:50 am	Esporte 7:30 am - 1:50 pm	Descanso 7:30 am - 6:20 pm
11 AM				1:1 com Funcionário 2 11 - 11:50 am			
12 PM	Almoço 12 - 12:50 pm	Almoço 12 - 12:50 pm	Almoço 12 - 12:50 pm	Almoço 12 - 12:50 pm	Almoço 12 - 12:50 pm		Almoço 12 - 12:50 pm
1 PM				1:1 com Funcionário 3 1 - 1:50 pm			
2 PM	Livre 2 - 2:50 pm	Livre 2 - 2:50 pm	Livre 2 - 2:50 pm	Livre 2 - 2:50 pm	Livre 2 - 2:50 pm	Amigos 2 - 2:50 pm	
3 PM	Buscar crianças na escola 3 - 3:50 pm	Buscar crianças na escola 3 - 3:50 pm	Buscar crianças na escola 3 - 3:50 pm	Buscar crianças na escola 3 - 3:50 pm	Buscar crianças na escola 3 - 3:50 pm	Buscar crianças na escola 3 - 3:50 pm	Buscar crianças na escola 3 - 3:50 pm
4 PM				1:1 com Funcionário 4 4 - 4:50 pm			
5 PM				1:1 com Funcionário 5 5 - 5:50 pm			
6 PM	Jantar, 6:30 pm	Jantar, 6:30 pm	Jantar, 6:30 pm	Jantar, 6:30 pm	Jantar, 6:30 pm		
7 PM	Kids 7 - 8:50 pm	Kids 7 - 8:50 pm	Kids 7 - 8:50 pm	Esposa 7 - 8:50 pm	Happy Hour - cerveja! 7 - 10:50 pm		Jantar, 6:30 pm
8 PM							Kids 7 - 8:50 pm
9 PM	Deitar para dormir, 9:30 pm	Deitar para dormir, 9:30 pm	Deitar para dormir, 9:30 pm	Deitar para dormir, 9:30 pm			
10 PM							Deitar para dormir, 9:30 pm
11 PM							

Disciplina: o alicerce da alta performance

Na parte da manhã, sempre busquei fazer os exercícios físicos o mais cedo possível. Uma forma supereficiente que adotei foi passar a ir de bicicleta para o trabalho. Mesmo durante a pandemia, eu saía para pedalar durante uns 50 minutos e voltava para começar o trabalho. Eu gostava muito de inserir um tempo bloqueado para trabalhar nas prioridades do dia, pois isso fazia a produtividade aumentar muito, e eu bloqueava a agenda para esse tempo.

Toda segunda-feira, eu tinha uma reunião de 1 hora na qual as pessoas que respondiam diretamente a mim mostravam em 5 minutos suas três prioridades para a semana e os principais acontecimentos de suas agendas. Com isso, todos do meu time sabiam onde cada membro da equipe estava investindo seus esforços naquela semana. Aprendi isso com meu ex-gestor Helisson Lemos, que foi COO da Movile e me ajudou muito a ser um líder melhor. A seguir, um exemplo do slide que era compartilhado com todos.

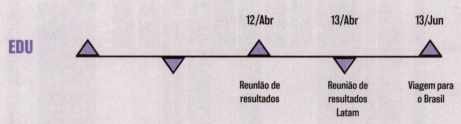

Agenda
- 2f: Kick-offs; prévia FC1; sincronização de serviços profissionais; sincronização CFO.
- 3f: Demo; modelo de negócio Bundle; 360 líderes; PPT Dream Global; apresentação FC1; sincronização RH; sincronização CTO.
- 4f: X 1:1; metas de mensagens; integração de sincronização; entrevista Época; psicoterapia.
- 5f: Estratégia SaaS; reunião de previsão de números; reunião C-level; sincronização M; sincronização Z.
- 6f: P 1:1; R1:1; reunião de novo website; live em português; sincronização Harvard; sincronização M; sincronização R.

Tópicos quentes (prioridades)
- BP - revisão
- Contratação de novos negócios (equipes e novos negócios)
- Receita de novos negócios LatAm

A seguir, há um template que você pode usar para implementar essa rotina com sua equipe:

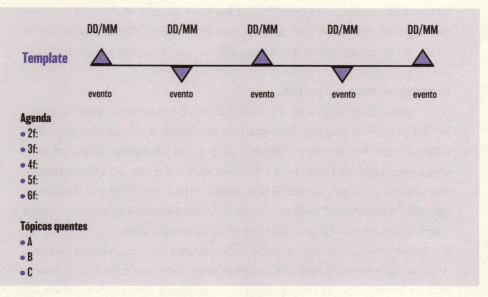

Se você reparar na agenda, normalmente eu deixava um dia de trabalho na semana para ter reuniões individuais com as pessoas que respondiam a mim. Uma vez ao mês, essas reuniões cobriam aspectos da carreira dessas pessoas, quando falávamos do que estava faltando, quais os planos futuros, como eu poderia ser instrumento de abertura de oportunidades para cada um deles.

Além dos aspectos profissionais, nessa agenda eu colocava compromissos pessoais, como buscar as crianças na escola. Isso ajuda você a também inserir esses itens relevantes, de modo que se tenha uma agenda balanceada. Sem isso na agenda, a chance desses pilares serem despriorizados no dia a dia são grandes. Por exemplo, em minha casa, em geral participo do preparo de refeições cerca de seis vezes na semana, normalmente fazendo arroz (minha especialidade!) e macarrão e assando ou fritando alguma proteína. Quando estou em casa, uso muito a churrasqueira para me ajudar. Isso também pode ir para a agenda!

O mesmo vale para viagens, férias, consultas médicas e momentos de trabalho voluntário. A agenda é o instrumento ideal para você conseguir executar o que ficou planejado após os diagnósticos que você fez lá atrás.

Mais uma vez vou destacar: o importante é você encontrar o esquema e a rotina que servem para você. Muita gente demora duas horas para chegar ao trabalho, muita gente trabalha em horários diferentes dos que eu coloquei aqui, muita gente tem dois ou três empregos. O recado importante aqui é construir um plano que se encaixa em sua realidade e segui-lo.

Monitoramento e ajustes

A disciplina exige adaptação. Periodicamente, é fundamental que você avalie seu progresso e ajuste suas práticas conforme o necessário. Peça opiniões, feedbacks, críticas e sugestões de pessoas próximas que abram seus olhos para o que está indo bem e também para o que não está funcionando. Aos poucos você vai encontrar uma rotina ótima. É fundamental também aprender a falar "não" (falamos disso no capítulo anterior) e ajustar a rota – sem isso você não vai priorizar suas ações corretamente.

Mesmo com sistemas robustos, todos enfrentamos momentos de falha. A diferença entre aqueles que atingem seus objetivos e os que desistem está na capacidade de lidar com esses momentos sem perder o foco. Se você planejava acordar cedo para um treino e não conseguiu, use isso como uma chance de avaliar o que deu errado. Foi a falta de sono? O alarme não foi eficiente? Identifique o problema e ajuste sua estratégia para evitar que aconteça novamente.

A disciplina também não deve ser confundida com autopunição. Líderes eficazes são aqueles que conseguem se manter firmes sem serem excessivamente críticos consigo mesmos. A autocompaixão é um ingrediente crucial para sustentar a disciplina a longo prazo. Estudos mostram que pessoas que se tratam com gentileza após falhas têm maior probabilidade de retomar seus objetivos, pois evitam o ciclo destrutivo de culpa e procrastinação.

Se você olhar minha agenda, perceberá que há espaço para a flexibilização dos meus happy hours e o churrasco com amigos no final de semana. No meu Mapa da Vida Extraordinária, isso é um tema importante; sendo assim, tem de estar alinhado com a família, a esposa, e ser priorizado devidamente.

Como líder, se você mostra a importância da disciplina e compartilha as boas práticas com as pessoas à sua volta, tenha certeza de que você será copiado. O exemplo é a ferramenta mais poderosa. Quando você demonstra compromisso com suas metas, prioriza tarefas importantes e mantém um equilíbrio saudável entre trabalho e vida pessoal, você estabelece um padrão que outros querem seguir. Além disso, incentive sua equipe a adotar sistemas próprios, oferecendo suporte e feedback para que possam alcançar seus objetivos.

Disciplina é o motor que transforma intenções em ação e esforço em resultados. Sem ela, mesmo as melhores estratégias e ferramentas perdem a eficácia. Quando aliada ao autoconhecimento, à clareza de objetivos e a sistemas bem estruturados, ela se torna uma força imparável, capaz de levar qualquer pessoa a níveis extraordinários de performance e realização. Lembre-se: o sucesso é construído um dia de cada vez, e cada escolha disciplinada aproxima você de seu propósito maior.

Vamos agora partir para o oitavo e último item do Método do Octógono – método que vai transformar em resultados toda essa técnica que acabamos de aprender. Você está pronto para voar alto? Como disse Jorge Paulo Lemann: "Se sonhar grande dá o mesmo trabalho que sonhar pequeno, por que vou sonhar pequeno?".[77]

---

77 LEMANN, J. P. **Se sonhar grande dá o mesmo trabalho... Jorge Paulo Lemann.** Disponível em: www.pensador.com/frase/MjkoMTQzNw/. Acesso em: 10 abr. 2025.

CAPÍTULO 11
CRESCIMENTO E EXPANSÃO

A primeira coisa que você precisa entender é que seu negócio não vai crescer se você não se desenvolver como ser humano e como profissional. A jornada de crescimento pessoal e profissional está intimamente ligada à capacidade de sair da zona de conforto e adentrar territórios que desafiam nossas habilidades e crenças. E ela pode ser representada com a seguinte imagem:

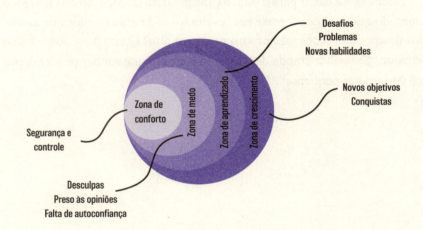

Começamos na zona de conforto, na qual a segurança e o controle predominam, e também nos tornamos vulneráveis a desculpas, opiniões limitantes e falta de autoconfiança. Para avançar, é necessário encarar a zona de medo, na qual surgem desafios e inseguranças. No entanto, é justamente ao superar essa barreira que nos abrimos para a zona de aprendizado, na qual adquirimos novas habilidades e enfrentamos problemas de maneira construtiva.[78]

---

78 Fonte: aula de Marcela Martins sobre desenvolvimento pessoal.

Esse processo reflete uma verdade fundamental compartilhada por Alvin Toffler,[79] que afirmou: "O analfabeto do século XXI não será aquele que não sabe ler e escrever, mas sim o que não sabe aprender, desaprender e reaprender". Para líderes e empreendedores, essa máxima é especialmente relevante. O cenário atual de mudanças constantes exige uma mentalidade flexível e aberta à reinvenção. Não basta acumular conhecimentos; é necessário questioná-los, descartar o que não serve mais e adquirir novas perspectivas para lidar com desafios complexos. Eu morri de medo muitas vezes nessas reflexões e você também vai precisar ser forte, exigente e ao mesmo tempo humilde para superar isso. Mas não se preocupe, aqui você vai encontrar boas dicas para ajudá-lo.

A zona de crescimento, a última representada na imagem, simboliza o ápice dessa evolução. É onde alcançamos conquistas significativas, criamos novos objetivos e nos tornamos capazes de inspirar os outros a seguir um caminho semelhante. Para líderes, isso significa mais do que alcançar metas pessoais; é ser um catalisador de transformação para suas equipes e organizações. O aprendizado contínuo, quando incorporado à prática diária, não apenas expande nossas capacidades individuais mas também transforma o ambiente ao nosso redor, gerando um impacto positivo e duradouro.

Assim, adote uma postura de aprendiz, sempre buscando absorver aprendizado em todos os momentos de sua jornada. Buscar conhecimento, mentorias, cursos, programas e experiências que tiram você da zona de conforto é fundamental para estimular seu constante aprendizado. Para quem tem restrições financeiras para investir, atualmente existe muito conteúdo bom, de universidades renomadas, disponível de modo gratuito na internet – a exemplo de um portal de Stanford[80] focado em inovação e empreendedorismo.

Eu tive o privilégio de contar com mentores que me empurraram na direção do aprendizado. Eu lembro muito bem quando, em 2013, encontrei com o Anderson Thees em Stanford fazendo um programa de seis semanas chamado Stanford Executive Program (SEP), que já mencionei antes.

---

79 TOFFLER, A. **O choque do futuro**. Rio de Janeiro: Record, 1970.

80 STANFORD ONLINE. Disponível em: https://online.stanford.edu/innovation-and -entrepreneurship/free-content. Acesso em: 9 abr. 2025.

Ele me disse: "Cara, você tem que fazer esse curso, é a sua cara. Vai levar você para outro patamar". Eu achava que era júnior demais para participar do programa e pensava ser impossível eu ser aceito em Stanford. Dois anos depois, com uma carta de recomendação do Anderson, eu mandei minha inscrição. Em junho de 2016, eu começava o SEP, que mudou completamente minha carreira e também minha vida pessoal.

O primeiro passo para expandir seu negócio é abrir a mente e prepará-la para o crescimento. Quando você estiver pronto, comece a trabalhar no plano.

CRESCER, ESCALAR, EXPANDIR SEU NEGÓCIO: TUDO COMEÇA COM UM SONHO GRANDE

Crescer, escalar e expandir negócios não é apenas uma questão de ambição. É visão estratégica, execução disciplinada e adaptação contínua às novas realidades do mercado. Para mim, um bom plano de expansão começa com um sonho grande. Em nosso caso, sempre quisemos criar uma empresa grande, internacionalmente conhecida, que tivesse produtos de tecnologia que melhorassem a vida de muita gente, criando também muito valor e, consequentemente, gerando a recompensa financeira merecida. Além disso, queríamos usar esse sucesso para atuar em projetos sociais que fizessem a diferença em nossa sociedade. Em termos numéricos, lá atrás em 2013, colocamos a meta de atingir 1 bilhão de pessoas e valer 1 bilhão de dólares. O curioso é que, quando chegamos perto desses números, o próprio Fabricio aumentava a meta em dez vezes para continuar empurrando o sonho pra cima!

Isso começou quando, aos 17 anos, ele leu um livro que transformaria sua vida e trajetória profissional: *Sucesso não ocorre por acaso*,[81] de Lair Ribeiro. A obra o incentivava a "sonhar grande", estipular metas tão ousadas que provocariam risos de amigos e familiares ao serem compartilhadas. Essa ideia o marcou profundamente, estabelecendo um método simples, mas poderoso: sonhar grande para vinte anos no futuro e, em seguida, quebrar esse sonho em objetivos intermediários para dez, cinco, um ano e até prazos menores, como um mês ou seis meses.

---

81 RIBEIRO, L. **Sucesso não ocorre por acaso**. São Paulo: Objetiva, 1992.

O livro também o ensinou que, para tornar sonhos realidade, é essencial anotá-los. Fabricio adotou essa prática como um pilar de sua vida. Ele acredita que, se um sonho não é significativo o suficiente para ser colocado no papel e planejado, talvez não seja realmente importante. Esse hábito foi a base não apenas de sua vida pessoal mas também da cultura de inovação e crescimento que ele implantou na Movile e no iFood.

Ao longo de sua jornada, Fabricio se dedicou a equilibrar criatividade e disciplina. Ele reconhece que não era naturalmente organizado ou disciplinado, mas decidiu aprender essas habilidades porque as considerava essenciais para alcançar seus objetivos. Para ele, grandes realizações exigem tanto a liberdade de pensar fora da caixa quanto a capacidade de seguir um plano estruturado, mesmo enfrentando obstáculos e ajustes no caminho.

Entretanto, a maior contribuição gerada em nosso time foi ter nos ensinado a sonhar grande. Ele conseguiu criar uma máquina de sonhadores que usavam essa metodologia para criar o impossível. Fazer seus líderes sonharem grande acabou sendo mais importante do que os próprios sonhos. Segundo Breno Masi, ele conseguiu criar a "Igreja do Sonho Grande", onde conseguia transmitir essa "religião" para seus colaboradores e sócios. Breno destaca que se ele sonhasse sozinho não teria o mesmo impacto do que todos nós seguindo essa prática.

VAMOS COMEÇAR DO COMEÇO: POR QUE VOCÊ QUER EXPANDIR?

Com base em um sonho grande, vemos que, além de inspirar o time com uma direção ambiciosa, a liderança precisa se embasar em fundamentos sólidos para evitar que o processo de crescimento se torne um movimento prematuro e vulnerável. A primeira provocação que devemos fazer é: por que você quer expandir?

Essa pergunta simples, mas essencial, direciona toda a análise de viabilidade. Expandir para novos mercados, segmentos ou territórios não deve ser motivado apenas pelo desejo de crescimento ou pela atratividade de mercados maiores, como os Estados Unidos ou a Europa. A motivação precisa estar enraizada em uma estratégia clara, que considere a saúde do negócio no mercado atual e as demandas específicas do mercado-alvo.

Assim como no jogo War, avançar sem consolidar suas bases pode ser fatal. Empresas que não têm seu mercado principal solidificado enfrentam dificuldades ao lidar com custos inesperados, baixa tração inicial e desafios de adaptação cultural. Na analogia com o futebol, tentar disputar a Champions League com um time juvenil pode resultar em uma derrota humilhante. Portanto, não se aventure a expandir sem ter sua operação principal bem estruturada. Aqui, eu também aplico os conceitos ensinados na Matriz BCG: é preciso uma "vaca leiteira" forte e sólida para permitir experimentos de expansão; portanto, o momento certo para expandir é quando sua operação principal, ou "vaca leiteira", está bem posicionada e gerando resultados consistentes. A expansão exige investimento financeiro, tempo e energia, além de aceitação de que as coisas podem dar errado antes de dar certo.

ESTRATÉGIAS PARA A EXPANSÃO

Vou compartilhar com você três estratégias que podem ajudar a estruturar planos de expansão do seu negócio, com base no que eu experimentei e consigo falar com propriedade. São elas: expansão orgânica e autofinanciada; expansão por fusões e aquisições; e expansão por meio de investidores externos.

Outras estratégias, como abrir franquias, fazer *joint ventures* e montar canais de distribuição e parcerias podem ser a melhor opção para alavancar o crescimento de sua empresa, porém não tenho experiência suficiente para me aprofundar nesses pontos.

Por fim, vou falar também sobre técnicas de expansão territorial que podem ser usadas nas três estratégias citadas, auxiliando você a estruturar uma metodologia de análise e planejamento.

Expansão orgânica e autofinanciada

Expandir um negócio de maneira orgânica e autofinanciada é uma estratégia que privilegia a sustentabilidade e a validação contínua antes de grandes investimentos. Desse modo, a Matriz BCG é uma ferramenta poderosa para identificar onde alocar recursos e quais oportunidades têm o maior potencial de retorno. Para isso, o foco está nas "interrogações" – áreas que ainda não têm resultados comprovados, mas apresentam grande potencial de crescimento. Essas interrogações são exploradas por meio de experimentos bem estruturados, que buscam testar hipóteses de mercado e validar estratégias de expansão antes de comprometer grandes investimentos.

Por exemplo, ao invés de lançar um novo produto ou entrar em mercados totalmente desconhecidos, a expansão orgânica e autofinanciada utiliza a base já estabelecida como ponto de partida. Isso pode incluir a adaptação de produtos existentes a novos segmentos de clientes ou a realização de campanhas de teste direcionadas, utilizando ferramentas de marketing digital para medir a receptividade. Além disso, experimentos em pequenos grupos de clientes ajudam a entender a elasticidade de preço sem impactar a base consolidada, como usar descontos ou introduzir um conceito de uma nova marca com o mesmo produto para medir a reação dos clientes a um novo preço. Outra possibilidade é testar canais de distribuição, introduzindo o produto ou serviço em novos canais de venda, como marketplaces ou redes sociais, a princípio em uma região ou um nicho específico antes de expandir amplamente.

Um dos pilares dessa abordagem é o uso dos recursos gerados pela "vaca leiteira" – relembrando, o segmento mais consolidado e lucrativo do negócio – para financiar esses experimentos. Esse modelo evita a necessidade de buscar capital externo ou comprometer o fluxo de caixa principal da operação. Por exemplo, uma empresa de tecnologia com forte presença em um mercado regional pode usar os lucros da operação principal na testagem da expansão em uma nova cidade, utilizando ferramentas de análise para avaliar o desempenho de campanhas, retenção de clientes e viabilidade operacional. Se os resultados forem positivos, a empresa pode gradualmente alocar mais recursos e escalar a operação. Caso contrário, pode pivotar ou abandonar a iniciativa sem causar grandes prejuízos.

Vale destacar que os negócios devem começar nichados e depois buscar oportunidades de expansão. Um exemplo clássico disso é o processo inicial de expansão do Facebook, feito pelo Mark Zuckerberg quando ele ainda estudava em Harvard. Ele lançou sua rede social supernichada, disponível somente para alunos de Harvard. Com o sucesso da primeira fase, expandiu para outras universidades na região de Boston. Depois abriu para outras universidades, e só depois desses passos acabou abrindo a rede para todas as pessoas. Outro caso emblemático é o da Amazon, que começou como um e-commerce de livros. Depois de dominar muito bem esse caso de uso, Jeff Bezos começou a expandir para outras categorias.

Por fim, as decisões baseadas em dados, combinadas com uma execução ágil e bem planejada, garantem que a expansão orgânica seja sustentável e amplie o negócio de maneira alinhada com a missão e os valores da empresa. Tenha em mente que quanto mais rápidos, curtos e ágeis forem seus ciclos de aprendizado, maior serão as chances de sucesso. Muita gente pode pensar que ficamos anos estruturando e planejando nossas ações. Pelo contrário, éramos rápidos para montar as teses, buscar dados, expor argumentos e tomar as decisões dos experimentos.

Erros e aprendizados práticos

Expandir é aprender, e a trajetória da Movile oferece lições valiosas a respeito disso. Durante a tentativa inicial de entrada no México, um dos maiores mercados da América Latina, a empresa enfrentou obstáculos significativos. Logo depois da fusão da Compera com a nTime, tentamos iniciar por conta própria uma operação no México. O envio de um gerente brasileiro que falava espanhol foi insuficiente para conquistar confiança e tração no mercado local. Além disso, a dependência da matriz brasileira para decisões operacionais gerou atrasos e ineficiências.

O aprendizado central foi claro: a expansão requer times locais qualificados, autonomia operacional e adaptação cultural. Somente após fazermos a aquisição de uma empresa local e contratar um líder mexicano experiente, que conhecia profundamente o mercado de conteúdo móvel e já tinha reputação estabelecida, a Movile começou a obter resultados expressivos por lá.

Expansão por fusões e aquisições

Muitas das pessoas empreendedoras olham para seus concorrentes como inimigos, o que é um erro. Nossa empresa foi construída como fruto da fusão de quatro startups: Compera, nTime, Movile e Yavox. Essas empresas eram relativamente pequenas em 2006, faturando juntas cerca de 25 milhões de reais. A Movile, startup de marketing móvel que fundei com meu sócio Vicente Scivittaro, era a menor delas, faturando menos de 1 milhão de reais por ano. A Compera e a nTime tinham mais ou menos o mesmo tamanho, e a Yavox era a maior de todas. A Compera tinha conexões tecnológicas com as operadoras Claro e Tim; podia vender seus produtos em parceria com as companhias de telecomunicação para os clientes. Enquanto isso, a nTime tinha conexões com a Vivo e a Oi; oferecia seus produtos para essa outra fatia do mercado.

A nTime era muito forte em games e interatividade por SMS, ao passo que a Compera avançava mais em produtos multimídia, como podcasts e produtos envolvendo imagens, vídeos e outros conteúdos para os celulares da época.

Todas essas empresas poderiam adotar uma estratégia de expansão orgânica, tentando expandir seus produtos para as outras operadoras de celulares com investimentos próprios. Isso demandaria tempo, visto que a prospecção e o processo de convencimento nas operadoras não era rápido.

Na cabeça do Fabricio, as tecnologias de internet móvel eram uma megatendência que criaria bilhões de dólares. A expansão dos serviços de internet para os dispositivos móveis abriria oportunidades infinitas para o surgimento de empresas de tecnologias globais muito grandes. Uma das grandes validações dessa tese era a enxurrada de empresas europeias que chegavam ao Brasil para explorar, com conteúdo, entretenimento, informação e serviços de valor agregado, o mercado enorme de assinantes de telefonia móvel. Foi aí que veio a ideia de criar uma empresa brasileira forte o suficiente para concorrer com as estrangeiras, mas não dava tempo de crescer organicamente para executar isso com eficiência – era preciso juntar forças com os concorrentes nacionais.

E foi isso que aconteceu. Depois de falar com mais de trinta empresas nacionais, Bloisi entrou em um acordo com Marcelo Sales e Rafael Duton para montar a Compera nTime, uma sociedade composta de conexões e produtos das duas empresas juntas. A fusão aconteceu com a divisão das ações em 50% para cada lado. Com a empresa maior e com todas as conexões tecnológicas com as quatro operadoras do país, despertou-se o interesse da Naspers, antigo nome do conglomerado de internet Prosus. O mesmo Anderson citado antes, então diretor da Naspers para a América Latina, fez o investimento na empresa, com a esperança de que aquele time pudesse surfar nas ondas de internet móvel que ele já via na China após o investimento da companhia na Tencent, criadora do produto de mensageria instantânea QQ. Esse investimento na China, de 45 milhões de dólares, tornou a Naspers um dos maiores acionistas do que veio a se tornar a maior empresa de internet da China. E acreditava-se que algo similar pudesse sair do Brasil. Menos de um ano depois da primeira transação, foi feita a incorporação da Movile, minha empresa, montando o braço de produtos de publicidade no grupo. Na ocasião me foi oferecida a possibilidade de receber o valor em dinheiro ou investir tudo como acionista da empresa

Crescimento e expansão **169**

nova que estávamos criando. Eu dei um *all-in* (investir tudo) em ações da nova empresa, e essa foi uma das decisões mais acertadas da minha carreira. Pela primeira vez, eu teria um salário ao me juntar ao grupo, e isso me daria a segurança para apostar grande na criação de valor futuro da empresa.

A jornada após a fusão foi muito difícil e confusa, uma vez que os empreendedores não tinham experiência de gestão para extrair rapidamente o melhor daquele movimento. Para piorar as coisas, o mundo enfrentou a crise econômica global causada pelo colapso do mercado imobiliário nos Estados Unidos. Tivemos de aprender a duras penas a focar EBITDA e lucratividade, bem como ser uma empresa mais profissional, implementando o modelo de gestão com a ajuda da Heartman House, modelo que é usado até hoje pelo iFood e por outros negócios do grupo. Para enfrentar a crise, tivemos de fazer uma reestruturação demitindo 30% dos funcionários, incluindo a saída de três sócios da operação. Eles continuaram como sócios, porém deixaram de trabalhar no dia a dia da empresa.

Após essa reestruturação, Fabricio abordou o Andreas Blazoudakis, CEO e fundador da Yavox. Na época, essa empresa fazia os projetos de interatividade em parceria com a Rede Globo, inclusive as votações para eliminar os participantes do programa Big Brother Brasil. Com a lucratividade da operação e com o crescimento da receita, a possível fusão com a Yavox criaria a maior empresa de serviços de valor agregado para telefones celulares do país. Com mais uma rodada de investimentos da Naspers, a fusão foi assinada em São Paulo, no escritório de nossos advogados na avenida Paulista, e essa transação marcou a tomada de controle do capital social da empresa por nossos investidores. A Naspers passava a ter mais do que 50% do nosso capital social, porém tínhamos uma empresa muito maior do que dois anos antes. Nesse dia, voltamos para o escritório da Compera nTime, na Alexandre Dumas, no mesmo carro (Anderson, Fabricio Bloisi, Marcelo Sales, Andreas e eu), e Fabricio já falava que tínhamos de pensar em um jeito de expandir para a América Latina hispânica. Até aquele momento, praticamente todos os empreendedores estavam investindo tudo para a criação de uma empresa muito maior, tendo tirado pouco dinheiro da empresa ao vender suas participações.

Com a empresa muito mais eficiente e gerando caixa, surgiu a oportunidade de analisar possíveis passos envolvendo concorrentes na América Latina. Em um dos eventos do mercado de telecomunicação, Luiz Santucci, então gerente-geral da operação da Cyclelogic no Brasil, manifestou o interesse de se engajar em um projeto para a Compera nTime & Yavox (sim, esse era o nome temporário da empresa!) para a aquisição da Cyclelogic em toda América Latina. Essa operação tinha escritórios na Argentina, no Chile, no Peru, na Colômbia, na Venezuela, no México e no Brasil, além de alguns representantes em outros países. Nós já tentávamos organicamente fazer a expansão para o México há dois anos sem sucesso, e uma aquisição como essa, a partir da qual passaríamos a ter pessoas locais que conheciam esses mercados, parecia mais uma vez um bom movimento para acelerar os planos. Foi feita então uma aquisição, e todo o capital necessário foi aportado pela Naspers. Nós nos tornamos a maior empresa do nosso mercado na América Latina.

Naquele momento, a empresa era bem gerida, tínhamos boas "vacas leiteiras" e aprendemos a fazer as integrações dos times, frutos desses movimentos de fusões e aquisições. Entretanto, vindo do Vale do Silício, a empresa enfrentou um dos maiores desafios de sua história: o surgimento dos smartphones. Em 2010 e 2011, os smartphones cresciam a taxas exponenciais na América Latina. Com isso, montamos duas estratégias de expansão: tentar criar aplicativos para smartphones que tivessem potencial para atingir 10 milhões de usuários em seu primeiro ano; e procurar startups que tivessem aplicativos que a Movile pudesse ajudar a impulsionar. Daí surgiu o investimento no iFood. Enquanto isso, depois de mais de trinta experimentos fracassados, a empresa criou dentro de casa o PlayKids, um aplicativo de conteúdo para crianças.

A criação da máquina de fusões e aquisições do iFood

Muita gente de fora tenta cravar quais foram os fatores para o sucesso do iFood. Alguns falam que a empresa estava no momento certo para aproveitar a pandemia, outros falam que foi uma ideia genial, outras falam que aproveitou algo que já vinha dando certo no exterior.

Para mim, foi um conjunto de fatores ao longo do tempo, que marcaram passos importantes rumo ao sucesso. Definitivamente a entrada da Movile com o conhecimento de marketing digital e modelo de gestão e com a experiência em fazer fusões e aquisições, além dos investidores que confiavam na capacidade de execução do time, foi uma parte importante da história.

Com esses ingredientes, o time da Movile começou a influenciar os líderes do iFood a pensar em crescer fazendo fusões e aquisições; então surge uma pessoa com um papel fundamental nessa história: Carlos Moysés, na época diretor-financeiro da empresa. Vindo da aquisição do maior concorrente, o Restaurante Web, ele liderou um time que executou mais de trinta aquisições de empresas que fizeram com que a companhia ganhasse escala rapidamente. Carlos montou uma máquina de propor, negociar e incorporar negócios e executou isso com perfeição, com apoio enorme dos times de finanças e M&A da Movile.

Essa mesma cultura de executar a estratégia de crescer por M&A foi usada em todas as empresas do grupo e trouxe muita geração de valor. Entretanto, existem inúmeros efeitos colaterais e cuidados que precisam ser tomados para negociar e executar essa estratégia. Ter advogados experientes durante as negociações e equipes que consigam extrair valor disso após as transações assinadas é fundamental para o sucesso.

Expansão por meio de investidores externos

Em 1999, quando eu abri a Infosoftware, minha primeira empresa, praticamente não havia mercado de investidores de Venture Capital (VC) no Brasil. Contávamos nos dedos os fundos que olhavam para startups e não havia história de sucesso que comprovasse as teses de que isso poderia ser algo bem-sucedido no Brasil. Claro que no exterior o cenário era mais maduro, mas no Brasil tudo ainda era muito embrionário.

De cada dez empreendedores que me procuram, dois me pedem ajuda para levantar dinheiro com investidores. Por um lado, acho que o mercado brasileiro se desenvolveu incrivelmente e há muitas oportunidades para bons projetos conseguirem capital. Não posso deixar de citar o mérito incrível de vários investidores pioneiros que abriram caminho para a construção desse mercado, entre eles o próprio Anderson Thees com seu sócio Manoel Lemos, que idealizaram projetos de incubação de empresas, como o Cubo, e investiram em negócios como Gympass, Minuto Seguros, Creditas, Pismo, RD Station, Rappi, Pipefy, entre outros. Por outro lado, existe uma glamourização e uma ilusão por parte da maioria dos empreendedores e empreendedoras de que suas ideias são passíveis de receber investimentos e de que o processo é simples.

Crescer por meio de investimentos é uma estratégia que exige visão de longo prazo, narrativa convincente e uma abordagem estruturada para atrair capital de risco. O VC, em particular, é essencial para startups que buscam inovar em setores competitivos, com potencial para liderar mercados e alcançar valorizações bilionárias, porém o processo é duro, complicado e cheio de armadilhas. Se você não estiver no momento certo, com o produto certo e as pessoas certas, você pode se iludir e perder energia e tempo preciosos no caminho.

Investidores de VC entram como sócios estratégicos, fornecendo mais do que capital: oferecem mentoria, networking e acesso a mercados. Contudo, esse capital é diferente de um financiamento tradicional. Ele representa uma aposta em ideias ousadas, que muitas vezes carecem de comprovação de mercado no estágio inicial. Na prática, o VC busca startups com potencial para se tornarem líderes de categoria. Esses fundos operam na lógica do "Power Law",[82] em que uma única empresa vencedora pode retornar todo o capital do fundo, compensando as perdas de outras apostas. Isso explica a preferência por startups com mercados endereçáveis superiores a 1 bilhão de dólares e modelos de negócio escaláveis.

Portanto, atrair investidores exige preparo, clareza e uma narrativa sólida. Alguns pontos-chave incluem:

- **Validação do mercado e produto:** Antes de captar, é essencial demonstrar que o negócio atende a uma necessidade clara no mercado. A validação pode vir de tração inicial, como receita crescente ou alta adoção de usuários. Hoje em dia, com a quantidade de projetos que aparecem para os investidores, é cada vez mais difícil alguém investir em uma ideia no papel. Você tem de dar um jeito de executar e mostrar tração.

- **Storytelling:** Nesse contexto, storytelling é o termo usado para falar da narrativa ao redor de um produto. E um dos deveres do fundador é "vender o sonho" de maneira envolvente. No estágio inicial, muitas decisões de investimento são baseadas na visão do time fundador. Habilidades como persuasão e clareza na apresentação são fundamentais. A equipe de fundadores e fundadoras também é crucial. Os investidores vão querer um time altamente comprometido, complementar e com

---

82 POWER Law. *In*: WIKIPEDIA. Disponível em: https://en.wikipedia.org/wiki/Power_law. Acesso em: 9 abr. 2025.

interesses alinhados ao projeto no longo prazo. Cofundadores que têm participação muito menor ou que não conseguem trabalhar o tempo integral no projeto aumentam o risco das análises.

- **Estruturação do capital social da empresa:** A composição acionária deve ser planejada para evitar termos que desestimulam novos investidores. Por exemplo, evita-se oferecer controle excessivo a investidores iniciais, como Corporate Venture Capitals (CVCs).

- **Foco em unidade econômica (*unit economics*):** Principalmente em cenários de maior restrição de capital, mostrar viabilidade financeira é crucial. Indicadores como Custo de Aquisição de Clientes (CAC), payback e margem bruta positiva são observados de perto pelos investidores.

- **Potenciais saídas (*exits*):** Investidores buscam retornos elevados, o que significa identificar desde o início possíveis caminhos de saída, como IPOs ou aquisições por grandes empresas do mercado.

O processo de captação

Depois de desenvolver sua ideia e amadurecê-la, se possível com pelo menos um protótipo em funcionamento sendo usado por clientes reais, você pode iniciar o processo de captação, que é demorado e demanda muita energia de pelo menos um dos fundadores. Essa fase inicia-se com a construção de conexões estratégicas. As melhores introduções a fundos de VC vêm de contatos respeitados no ecossistema, reforçando a percepção de credibilidade. Uma vez conectados, os passos principais incluem um primeiro contato, em que você deve apresentar poucos slides, de maneira sucinta, destacando a visão, o problema que o negócio resolve e as oportunidades de mercado. O segundo passo é a diligência (*due diligence*), com o detalhamento de informações financeiras, de mercado e tecnológicas. Um repositório de dados (*data room*) organizado acelera esse processo. Se você passar bem dessa fase, será direcionado ao comitê de investimento do fundo, que receberá relatórios internos para discutir a oportunidade. A decisão final ocorre no comitê de investimento, com base em alinhamento estratégico, potencial de retorno e maturidade do negócio.

Quero aproveitar para desmistificar o glamour que existe em captar capital para sua empresa. Vejo inúmeras pessoas empreendedoras tratando isso como um fim, e não como um meio. Criam empresas com a finalidade de levantar dinheiro, em vez de focar a resolução dos problemas dos clientes. Muita gente também acaba achando que vai conseguir encantar investidores com uma ideia e que, quando receber o dinheiro, os problemas serão resolvidos. Na verdade, é o contrário. O processo de captação é um inferno, dá um trabalho do cão, é estressante e consome muito tempo precioso. Depois que o dinheiro entra, os problemas aumentam, bem como a responsabilidade e as obrigações. Nesse momento, você precisa trabalhar duro para entregar as promessas de crescimento que você fez, e eu garanto: confusões, problemas e contratempos vão aparecer no caminho. Por fim, você passa a ter sócios que merecem atenção e prestação de contas, o que também vai consumir energia e tempo.

DESAFIOS E BENEFÍCIOS

Crescer com o apoio de investidores traz desafios, como manter um relacionamento próximo com os fundos, alinhar expectativas e gerenciar a diluição acionária. Contudo, os benefícios vão além do dinheiro: investidores bem escolhidos podem transformar o negócio, impulsionando sua escala e seu impacto, bem como usando sua rede de relacionamento e sua experiência para aconselhar a liderança da empresa na jornada.

Por outro lado, ter um investidor desalinhado pode drenar sua energia e ser uma distração enorme para o negócio. Vinod Khosla, um dos cofundadores da Sun Microsystems e um dos maiores investidores do Vale do Silício, em uma entrevista[83] para Sam Altman, fundador da OpenAI, afirma que 90% dos investidores não agregam valor a suas empresas investidas e que 70% acabam atrapalhando o negócio de uma startup. Com isso em mente e com os pés no chão, reflita muito antes de escolher seu sócio investidor. É uma parceria que, quando bem construída, pode transformar ideias em grandes histórias de sucesso, mas que também pode trazer muitas dores de cabeça se mal planejada.

---

83 VINOD Khosla: 90% Investors Don't Add Value and 70% Add Negative Value [S. l.: s. n.], 2024. 1 vídeo (1 min). Publicado pelo canal Eze Vidra. Disponível em: www.youtube.com/watch?v=tWkDSlAMuEY. Acesso em: 9 abr. 2025.

METODOLOGIA PARA EXPANSÃO TERRITORIAL

Definida sua estratégia, é hora de começar um plano tático de como expandir o negócio. Vou compartilhar com você os principais pontos e ferramentas da metodologia que usamos quando expandimos a operação do PlayKids, levando o aplicativo para mais de cem países, com operação e atenção direta em dezessete deles. Acredito que você pode aproveitar muito dos conceitos e das boas práticas para estruturar planos de expansão de seu negócio.

Tudo o que aprendemos sobre isso veio da parceria com Carlos Ramón, consultor ex-VP de expansão global da empresa de tecnologia Akamai. Sua empresa Uniply,[84] que na época se chamava Compass, nos ajudou a planejar, organizar, estruturar e executar esse processo de crescimento. A seguir, apresentei esse processo a você. Vamos nessa?

Análise preliminar

Para todos os projetos de expansão, seja para entrar em um novo mercado geograficamente falando, seja para montar um novo negócio, nós fazíamos um exercício de pesquisa, coletando o máximo de informações que sustentassem nossas ideias. Por exemplo, em todos os nossos eventos de planejamento estratégico, que aconteciam no primeiro e no sétimo meses do ano fiscal, algumas pessoas eram escolhidas para apresentar esses planos e essas análises de mercado. Normalmente, essas pessoas investiam uma semana de trabalho para montarem esses materiais.

Toda ideia apresentada precisava de dados, uma fundamentação básica e de preferência um protótipo para que ela ganhasse força na empresa. Isso foi o que sustentou nossos primeiros movimentos de desenvolvimento de aplicativos para navegadores web (*browsers*) dos smartphones, o que depois pivotamos para aplicativos nativos das plataformas Android e iOS. Como eu conto em detalhes em minha aula "De startup a unicórnio",[85] depois de mais de trinta projetos experimentais para smartphones seguindo a estratégia da Matriz BCG, nós conseguimos começar a ter tração com o PlayKids e focamos nisso por vários anos.

---

84 UNIPLY. Disponível em: http://uniply.co. Acesso em: 9 abr. 2025.

85 MASTERCLASS DE STARTUP A ÚNICORNIO. Disponível em: https://empower.edulins.me/destartupaunicornio. Acesso em: 9 abr. 2025.

A expansão do PlayKids para o mundo

Com o aplicativo já fazendo sucesso no Brasil e conseguindo alguma tração nos Estados Unidos, nós começamos o plano para expandir o negócio para o mundo. A primeira coisa que fazíamos era um slide por país candidato, chamado One-Pagers ("Uma-Página" em português), no qual colocávamos um resumo dos principais aspectos dos países que nos interessavam.

No slide, inseríamos estatísticas demográficas, tendências de consumo de tecnologia e estratégias de distribuição e monetização. Também abordávamos questões como o perfil da população, incluindo a idade média das mães no primeiro filho e a taxa de natalidade, além de insights sobre o uso de dispositivos móveis, como o tempo diário gasto em smartphones e tablets, assim como detalhávamos o mercado de aplicativos, com ênfase na oferta de conteúdo pago e no segmento infantil.

A análise também explorava o acesso à internet, a entrada de smartphones e os hábitos de consumo digital, incluindo a preferência por determinados tipos de conteúdo. No que diz respeito à distribuição e à cobrança, analisávamos os canais de marketing mais eficazes, a bancarização da população e os métodos de pagamento predominantes, como o uso de cartões de crédito e de débito. Além disso, levantávamos considerações sobre a localização de conteúdo e funcionalidades técnicas, avaliando a complexidade de adaptação para o mercado local. Por fim, havia recomendações estratégicas para otimizar a entrada e o desempenho no mercado, considerando investimentos e adaptações necessárias.

Depois disso, nós montávamos uma planilha chamada Atlas, na qual consolidávamos várias informações dos países candidatos para ajudar na tomada de decisão. A planilha era organizada em dois eixos principais: maturidade comercial e maturidade do mercado.

Em cada eixo, nós construímos perguntas que deveriam ser respondidas com notas de 1 a 5 para avaliar cada candidato. A maturidade comercial avaliava quão pronto nós estávamos para atuar naquele mercado, abordando aspectos como capacidade de marketing, *billing* (receber pagamentos), localização do produto e pessoas prontas para atuar naquele país. É importante lembrar que cada empresa terá seus próprios critérios.

1. Marketing (aquisição)	2. Distribuição & *billing* (aquisição)	3. Qualidade do produto e conteúdo	4. Localização da plataforma (retenção)	5. Monetização	6. Time
Quão forte são nossos recursos internos (ferramentas, talentos) para criar conteúdo de marketing (incluindo mensagem para comunicar proposta de valor), customizada para determinada cultura?	Quão bom é nosso acesso às principais plataformas distribuidoras e quão bom é nosso relacionamento?	Temos pelo menos alguns provedores/ fornecedores (internacional, regional, local)?	Nós estamos customizados para o país/plataforma local em termos de funcionalidades técnicas?	Para otimizar monetização, determinamos o preço com base em uma situação competitiva e conduzimos testes A/B?	Quão forte é nosso talento interno com habilidades transferíveis para entrar no novo mercado e gerenciar um negócio mais complexo e global?
Fraca.	Ruim. / Não existente.	Não, < 2.	Não.	Não.	Fraco.
Forte (presença no país).	Bom.	Sim, >2 internacional & local.	Sim.	Sim.	Forte.

Fonte: Carlos Ramón.

Dimensão: maturidade comercial

O passo seguinte era analisar como aquele mercado estava maduro para receber nosso produto. Aqui avaliávamos aspectos de concorrência, penetração de smartphones, demografia e aspectos regulatórios, como você pode ver na tabela.

Nós listávamos todas essas perguntas nos títulos das colunas da planilha, e cada país era avaliado com notas de 1 a 5 em cada item. Além disso, fizemos uma tabela na qual colocávamos o peso que cada quesito tinha em nossa estratégia. Por exemplo, o fato de termos conteúdos bons licenciados e prontos para serem distribuídos naquele país tinha um peso muito grande em nosso processo de decisão, por isso colocamos um peso de 45%. Do lado do mercado, a penetração de smartphones daquele país também era algo com maior peso para a decisão de lançar ou não o produto lá, por isso colocamos um peso de 35%.

Com isso feito, era possível pegar os resultados das avaliações e construir um gráfico que ilustrava o resultado final do trabalho. Quanto mais o país estava no canto superior direito, mais pronto estávamos para entrar nele e mais atrativo era o mercado para nosso produto.

Lembro que, curiosamente, reparamos que os países de língua inglesa montavam um grupo em uma posição atraente do gráfico, nos levando à decisão de traduzir os conteúdos e o produto para inglês e lançar nesses países.

Com a análise feita, precisávamos montar o processo para constantemente fazer esse exercício de estudo, validação, lançamento e escala das operações em cada país. Para isso, criamos um documento que informava tudo o que era preciso ser feito desde o início da consideração de um novo mercado, até a escalada dos investimentos em determinado país.

O processo consistia nas etapas apresentadas daqui em diante.

Pesquisa e qualificação

A etapa inicial focava a identificação de mercados promissores e a validação de oportunidades, conforme falamos anteriormente:

- **Avaliar a oportunidade:** Era realizado um mapeamento para identificar mercados potenciais, analisando barreiras de entrada, competidores e comportamento de usuários locais. Indicadores como número de potenciais usuários eram registrados em ferramentas internas, como o Atlas.

- **Qualificar a região:** Após validar o interesse inicial, uma versão básica do produto era testada para avaliar tração inicial. Experimentações como testes A/B (preços ou períodos gratuitos) eram realizadas para entender a aceitação da oferta. Pesquisa sobre moeda local, idioma e requisitos de regulamentação também fazia parte desse estágio.

Desenvolvimento e lançamento

Uma vez validada a região, a equipe entrava na fase de preparação para o lançamento:

- **Maturidade para lançar:** O produto era completamente adaptado à região, considerando a localização em idiomas ou dialetos específicos. *Local suppliers* (fornecedores) e parcerias eram ativados, e a previsão de receita e rentabilidade era submetida para aprovação do *board*. Por exemplo, em regiões de língua não inglesa, o processo envolvia traduções detalhadas, ajustes em materiais visuais (banners e anúncios), além de entrevistas com usuários locais.

- **Lançamento:** O produto era oficialmente lançado com uma aplicação totalmente localizada, campanhas de marketing em larga escala e suporte ao cliente na região. Métricas de sucesso inicial incluíam o número de usuários ativos e o custo por aquisição (CPA) alinhado ao planejado.

Foco local

Nessa etapa, o foco estava na autossuficiência operacional do mercado:

- Contratação de equipes locais para liderar as operações.
- Criação de campanhas de marketing específicas e parcerias com influenciadores locais ou embaixadores da marca.

- Validação contínua do potencial de crescimento regional e revisão do plano de crescimento para três anos.

Escala e sustentação

Após atingir a maturidade operacional, o objetivo era consolidar a liderança:

- **Expansão regional:** Escala para novos segmentos, como faixas etárias, plataformas tecnológicas ou categorias adjacentes.

- **Manutenção da liderança:** Exploração de fusões e aquisições e aprofundamento do relacionamento com parceiros estratégicos para reforçar a posição no mercado.

Investimentos e indicadores-chave

Os investimentos em cada etapa eram cuidadosamente controlados, alinhando horas de trabalho, orçamento para traduções e publicidade e contratação de talentos locais. Indicadores-chave como receitas diárias, custos de suporte e taxa de conversão eram acompanhados para assegurar a viabilidade da operação.

Mesmo assim, cometemos erros graves de análise. Um dos maiores fracassos da minha carreira veio com a decisão de lançar um comercial de TV na Austrália, no qual investimos 200 mil dólares para tentar escalar as vendas no país, que não conseguíamos aumentar apenas com mídia on-line. Foi essa a ação que funcionou no Brasil. A campanha foi um enorme fracasso, e praticamente não tivemos impacto nenhum em assinantes. Somente depois desse fiasco eu fiz uma visita ao país e descobri que os pais têm uma preocupação enorme e muito conscientizada da não exposição dos filhos às telas. Esse foi o real motivo, que não foi identificado no Atlas e nos custou muito dinheiro.

Prestação de contas para a diretoria

Em nosso modelo de gestão, um dos rituais importantes eram as famosas e já mencionadas RMRs. Com isso, nós também construímos um documento que era atualizado mensalmente para que, com rapidez, pudéssemos passar ao time de gestão como estava indo a expansão de nossa operação.

Além da distribuição e do *billing* usando as lojas de aplicativos da Apple e do Google, iniciamos um projeto para cobrar os usuários, em parceria com as operadoras de telefonia celular. Com isso, também tínhamos um *tracker* para mostrar a evolução dessas conexões para cada região.

CONCLUSÃO DA PARTE TÉCNICA DO MÉTODO DO OCTÓGONO

Se você chegou até aqui, conheceu os principais pontos que nos levaram a construir um negócio que hoje vale alguns bilhões de dólares. Claro, enfrentamos inúmeras situações desafiadoras ao implementar esses processos, mas a base que usamos é essa. Eu acredito e tenho comprovado isso com meu trabalho com meus mentorados, que quando você aplica o método com disciplina, implementando os processos e as ferramentas nos momentos certos, as coisas começam a se encaixar na empresa e os resultados aparecem. Saber focar o que fazer no momento certo é crucial. Por isso, priorize a cada passo quais partes do método você vai atacar e com qual intensidade.

Uma dica fundamental: o Método do Octógono é algo vivo, fluido, cíclico. Não é uma fórmula com começo, meio e fim. A intensidade que você pode aplicar em cada passo depende do seu momento, de suas condições e necessidades. Ele funciona em ciclos constantes de avaliação e melhoria. Ao longo do tempo, você vai ganhar experiência e aprender com cada iniciativa. Problemas complexos e decisões difíceis vão surgir, mas você poderá reutilizar o método para buscar soluções. Lembre-se: essas soluções nunca serão fáceis e nunca estarão prontas de antemão. Elas exigem esforço, adaptação e aprendizado contínuo.

Quero deixar aqui uma luz para você dar passos relevantes em seu amadurecimento como líder e para construir uma empresa bem estruturada, preparada para crescer por muitos anos. Não considere isso uma fórmula milagrosa, mas uma referência poderosa que agora você tem para seguir no caminho desafiador do sucesso profissional.

Coloque o método em prática, aprenda com os erros, ajuste a rota e siga em frente. O sucesso não é um destino, mas uma jornada – e você já tem as ferramentas para começar a sua! Mas ainda falta falarmos de mais um aspecto do Método do Octógono, que é o ponto central que permeia todas as partes dele: o propósito pessoal. Será como colocar a cereja em um bolo saboroso de inquietude empreendedora!

CAPÍTULO 12
PROPÓSITO E TRANSFORMAÇÃO PESSOAL: REDEFININDO SUCESSO

Investimos boa parte das energias dos últimos capítulos falando de como atingir o sucesso empresarial. Com isso, queremos realizar nossos sonhos, aumentar nosso patrimônio, garantir o sustento e o futuro de nossos filhos e ter recursos financeiros para comprar coisas e experiências que nos façam sentir vivos e felizes. Ser bem-sucedido não é algo ruim, muito pelo contrário. Precisamos admirar e aprender mais com quem trilha esse caminho. No entanto, depois de observar muitas histórias de sucesso, cheguei à conclusão de que a trajetória profissional é como uma curva: começamos ganhando pouco, em algum momento o negócio decola, nos tornamos executivos de sucesso e, enfim, nos aposentamos, muitos com menos preocupações financeiras, priorizando a busca por experiências significativas. Dou o nome de "Peregrino" a essa fase. Graficamente, essa jornada seria assim:

O curioso dessa curva é que, muitas vezes, podemos traçar uma segunda curva no mesmo gráfico, retratando nosso índice de felicidade na mesma linha do tempo.

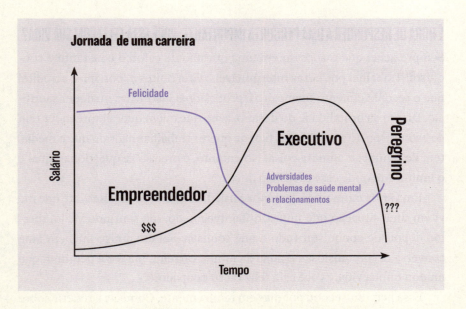

Já ouviu a frase "Na época da escola nós éramos felizes e não sabíamos"? Não é raro encontrarmos pessoas extremamente bem-sucedidas que, após atingirem o ápice financeiro e profissional, descobrem que não são felizes. Muitas dessas conquistas foram alcançadas mediante uma profunda falta de priorização de outros pilares da Roda da Vida, como família, amigos, saúde e espiritualidade. Após anos de foco apenas na carreira, as consequências acabam aparecendo. É claro que existem pessoas que conseguem um bom equilíbrio, fazendo do dinheiro uma ferramenta para aumentar a felicidade, mas isso exige uma base forte e não é algo trivial.

Saiba que a busca por um propósito maior, que traz felicidade, é feita por meio de atitudes, serviço e disciplina. Essa felicidade pode ir aumentando exponencialmente ao longo do tempo. Se você seguir esses passos, lá na frente, quando você atingir suas metas profissionais, estará pronto para ter uma vida cheia de significado.

Ao longo da minha jornada, aprendi que o sucesso profissional é importante, mas ele sozinho não garante uma vida plena. O dinheiro e as conquistas materiais podem proporcionar conforto e segurança, mas, quando vistos como fins em si mesmos, muitas vezes deixam um vazio difícil de preencher. Vamos juntos explorar o que realmente sustenta uma vida feliz e transformadora: propósito, esforço e conexões sociais verdadeiras.

É HORA DE RESPONDER A UMA PERGUNTA IMPORTANTE: VOCÊ ESTÁ FELIZ COM SUA VIDA?

Sempre achei que o sucesso era uma questão de esforço constante e conquista. Trabalhei por horas intermináveis, virei noites e, por anos, acreditei que o reconhecimento financeiro e profissional justificava qualquer sacrifício. Diante da brutalidade do desafio, acho que quem quer empreender tem de estar disposto a sacrifícios, tem de querer trabalhar mais do que a média, tem de renunciar a muita coisa. No entanto, é preciso se questionar: qual é o limite? Até onde esse sacrifício deve ir?

Em vários momentos de minha jornada, acelerei ao máximo, até que me vi em uma situação que nunca tinha imaginado, me sentindo vazio, mesmo depois de conquistar tudo o que sonhava. Foi um amigo que, em uma conversa despretensiosa no auge da minha carreira, me fez a pergunta que mudou minha vida: "Você está feliz ou só ocupado?".

Essa pergunta ecoou por dias em minha mente. Comecei a refletir sobre as escolhas que tinha feito e percebi que, enquanto eu construía o que acreditava ser uma carreira de sucesso, estava deixando para trás o que realmente importava: minha família, minha saúde e, acima de tudo, a paz interior. A busca incessante pelo topo em alta performance me trouxe realizações externas, mas também um vazio interno que não sabia como preencher. Mesmo com ações isoladas, como doações de dinheiro para algumas causas com as quais eu não tinha contato profundo, ainda faltava alguma coisa para me preencher. Mesmo com o uso das ferramentas que coloquei aqui (como a Roda da Vida, o Mapa da Vida Extraordinária), ainda faltava algo.

Aprofundando essas reflexões em conversas com minha psicóloga, que me deixaram bastante desconfortável, decidi mudar. Eu desejo profundamente que o que eu aprendi nessa mudança e que vou contar para você agora o faça ganhar um tempo precioso, com menos turbulência.

Como não estava feliz no meu trabalho – o que, claro, me afetava como um todo –, decidi tirar um ano para repensar a vida. Minha primeira grande meta era fazer a peregrinação à Santiago de Compostela, caminhando 700 quilômetros a pé no norte da Espanha.[86] Em abril de 2023, eu desembarquei

---

86 Para quem não tem condições de ir à Espanha, recomendo o Caminho da Fé que sai de Águas da Prata, na divisa entre São Paulo e Minas Gerais, e vai até Aparecida do Norte.

em Pamplona, pedindo à "Força" que me desse respostas nos 28 dias seguintes. E os milagres aconteceram mais rápido do que eu esperava...

Foi a primeira vez na vida que eu fiquei sozinho. Como sou uma pessoa extrovertida, atraio energia estando com outras pessoas. Descobri nos primeiros dias que, com 47 anos de vida, eu não sabia ficar só. Seguindo o conselho de um peregrino mais experiente, meu amigo Petras Veiga, ocultei do meu smartphone todos os aplicativos, incluindo todas as redes sociais e o WhatsApp. Eu me propus a não ler notícias e usar o celular apenas para buscar informações de mapas, rotas e hospedagem. Pedi à minha esposa e ao meu irmão, únicas pessoas com quem eu mantive contato, que instalassem uma rede social usada na Ásia, e essa seria a única forma de comunicação comigo. Todos os dias eu mandava um vídeo para eles dando notícias.

Caminhando seis horas por dia, você passa a dedicar a si mesmo o bem mais precioso que você tem na vida: o tempo. Passei a refletir praticamente 24 horas por dia sobre mim, minha vida, minha busca pela felicidade e meu propósito. Os primeiros cinco dias foram devastadores e brutais. Olhando meus últimos quinze anos de sucesso empresarial, me senti tocado ao perceber como eu fui privilegiado por ter experimentado todas as oportunidades que apareceram em minha vida. Também me senti profundamente envergonhado por meu egoísmo, minha vaidade e minha arrogância. Nesse caminho para o sucesso, eu me afastei de minhas conexões espirituais e religiosas, preteri a atenção à minha família e nunca me envolvi de verdade em nenhuma iniciativa concreta para fazer do mundo um lugar melhor.

Uma reflexão que me marcou profundamente foi sobre religião e espiritualidade. Eu vim de uma família católica, muito religiosa. Estudei a Bíblia, na qual conheci bons valores para ter uma vida plena. No entanto, quanto mais informação e vivência de mundo você tem, mais crítico fica sobre as instituições criadas pelos humanos para explicar Deus ou a "Força" (como gosto de chamar, inspirado por Star Wars). Em minha nova teoria religiosa, Jesus foi um Jedi poderoso, que tinha contato direto com a "Força" para fazer o bem. Não importa sua religião ou se você é ateu: entender as mensagens que Ele deixou e seguir seus exemplos vai trazer benefícios a você. Para mim, seguir os ensinamentos dEle traz boas chances de você estar próximo da "Força". Contudo, vendo a tonelada de absurdos feitos historicamente pela Igreja Católica, desde a Inquisição na Idade Média, passando pelo extermínio dos Cavaleiros Templários em uma negociata política do papa com o rei da França, até os superatuais casos de pedofilia e assédio generalizado envolvendo padres, bispos e cardeais da entidade, eu tinha todas as muletas necessárias para me afastar. Acreditava que rezar o Pai-Nosso em menos de 30 segundos antes de dormir resolveria minhas pendências com Ele. Como eu estava enganado...

Depois de dias de angústia e penitência em minhas reflexões de peregrino, decidi que precisava agir para resolver aquela situação ou não chegaria a Santiago de Compostela. À noite, cansado fisicamente e devastado mentalmente, fiz um exercício simples: listei os onze momentos em que senti um amor profundo em minha vida e que, como consequência, me deixaram mais feliz.

1. Em 1985, quando tinha 9 anos, meu time de amigos de infância de um clube pequeno chamado Irapuã ganhou a final do campeonato de futebol da cidade, derrotando o poderoso Guarani na final por 1 x 0.

2. Quando meus primos e eu ganhávamos uma caixa de bombom da minha avó no Natal, com aquele abraço inesquecível.

3. Quando eu joguei basquete com minha avó de 80 anos em uma cesta feita de arame e filó pendurada na escada da casa dela.

4. Quando eu cuidava do meu avô, que viveu na cama por mais de quinze anos depois de ter o corpo paralisado por um derrame, para minha avó poder ir ao supermercado.

5. Quando participei de um encontro de jovens da escola católica em que estudei em Belo Horizonte, onde eu tocava violão e fazia parte da banda do encontro.

6. O nascimento de meus filhos.

7. Quando fiz as pazes com meu pai depois de um ano sem nos falarmos.

8. Quando recebi o olhar de gratidão dos pais de uma criança com câncer no Hospital Boldrini, em Campinas, enquanto eu brincava com o filho deles vestido de palhaço em um trabalho voluntário.

9. Quando recebi o abraço da minha mãe no dia da minha formatura.

10. Quando o mundo parou e eu encontrei a mulher com quem me casaria.

11. Quando recebi a notícia de que um grande amigo havia vencido o câncer.

Na manhã seguinte, antes de sair, decidi quebrar uma regra no smartphone, e montei uma lista de músicas da época dos encontros de jovens para ouvir no Caminho, apostando que as boas memórias me ajudariam a sair daquela situação. Era Sexta-Feira Santa, e as letras das músicas aumentaram meu arrependimento diante do vazio e da arrogância que eu havia praticado ao longo dos últimos anos. Em algum momento, eu me lembrei de uma história, de um autor desconhecido, na qual uma pessoa que reencontra Jesus em uma praia e pergunta por que Ele a havia abandonado na caminhada. Ela pede a Jesus que olhe para as pegadas e repare que lá atrás havia quatro pés, mas depois na maior parte da jornada havia apenas duas marcas de pés no chão. Jesus responde que, naquele trecho, ele a havia carregado no colo. Ao me dar conta disso, chorei compulsivamente, enquanto eu me aproximava de uma pequena vila. Era isso: a "Força" me carregou no colo durante boa parte da minha jornada, e eu só estava olhando para mim mesmo boa parte do tempo.

De repente, os fones de ouvido começam a tocar uma música que nunca tinha ouvido e que teoricamente não tinha nada a ver com minha seleção. Era um samba, no meio de uma playlist de músicas gospel que eu não ouvia havia anos. A música me chamou a atenção, como tocador de cavaquinho e fã de pagode. Era uma versão de uma música linda chamada "Noites traiçoeiras", cantada pelo Belo em parceria com o padre Marcelo Rossi.[87] Isso me distraiu e quebrou o momento de desespero no momento em que eu chegava ainda mais perto da vila e avistava um carro na frente de uma pequena igreja. Vi uma moça sair do carro e se abaixar para pegar uma criança no banco de trás, ao mesmo tempo que a música ficava mais animada. Ao pegar a bebê de colo, surpreendentemente a moça começa a dançar no mesmo ritmo da música que estava em meus ouvidos (ela não conseguia ouvir), enquanto a bebezinha fixava seu olhar em mim, abrindo um sorriso maravilhoso. Nesse momento, a letra da música dizia "O mundo pode até fazer você chorar, mas Deus te quer sorrindo". Eu fiquei totalmente arrepiado, em choque.

---

87 NOITES traiçoeiras. Intérprete: Belo feat. Padre Marcelo Rossi. *In*: BELO: 10 anos de Sucesso (Deluxe). Rio de Janeiro: Sony Music Entertainment, 2011. Faixa #1..

Pasmo, eu passei pela família: a menininha acompanhava meu olhar o tempo todo com um sorriso avassalador e a mãe dançava no ritmo da música. Andei alguns metros, tirei algumas fotos e desabei aos prantos. Dessa vez, o choro era de alívio, conforto e felicidade. Muitos podem acreditar que foi uma mera coincidência, mas no meu coração eu senti que um dos meus pedidos à "Força" tinha acabado de se realizar: eu sabia que algo maior tinha me carregado no colo e que eu precisava aproveitar melhor todos os meus dons e presentes que recebi na jornada para fazer um mundo melhor.

O Caminho de Santiago me convidou a me olhar no espelho, sem máscaras, sem muletas, sem desculpas esfarrapadas. Ao chegar ao ponto mais alto do Caminho, a Cruz de Ferro, me ajoelhei e rezei profundamente, cantando a Oração de Santo Inácio de Loyola, que diz o seguinte:

Tomai, Senhor, e recebei toda a minha liberdade, a minha memória também. O meu entendimento e toda a minha vontade; tudo o que tenho e possuo Vós me destes com amor. Todos os dons que me destes, com gratidão vos devolvo; disponde deles, Senhor, segundo a Vossa vontade. Dai-me somente o vosso amor, a vossa graça; Isso me basta, nada mais quero pedir.

E foi assim que tive a certeza de que precisamos buscar algo maior para nossa vida do que o sucesso profissional tão priorizado.

QUAL É O VERDADEIRO SEGREDO DA FELICIDADE?

Estudos mostram que o verdadeiro segredo da felicidade está na construção de um propósito claro, no cultivo do valor do esforço e na criação de conexões familiares e sociais significativas. Uma das referências mais importantes sobre isso para mim veio do livro *Regras do cérebro para bebês*.[88] Nele, explica-se que, embora o dinheiro seja um facilitador, seu impacto na felicidade é limitado, principalmente após atingir certo nível de renda – no caso, 75 mil dólares por ano no valor da época em 2014 ou aproximadamente 100 mil dólares em 2025.

---

88 MEDINA, J. **Regras do cérebro para bebês**: como criar uma criança inteligente e feliz do nascimento aos cinco anos. São Paulo: Manole, 2014.

John Medina, o autor do livro, destaca que, até um ponto em que as necessidades básicas são atendidas – como moradia, alimentação e segurança –, o dinheiro contribui diretamente para o bem-estar. Entretanto, à medida que a renda ultrapassa esse patamar, o impacto positivo do dinheiro diminui consideravelmente. Ele afirma que crianças que se tornam adultos felizes aprendem duas lições essenciais: o valor do esforço e a importância de socializar. Para Medina, a felicidade no longo prazo está muito mais conectada a como ensinamos resiliência e formamos laços sociais do que a recursos materiais.

Chegar ao topo de sua carreira é um feito admirável, e acredito que agora você tem um arsenal e mais repertório para tornar esse caminho mais viável. Mas e o que vem depois que você atinge suas metas? O que acontece quando tentamos aplicar as mesmas ferramentas e mentalidade da vida profissional no campo pessoal? É nesse momento em que muitos se perdem. No trabalho, metas claras e eficiência são essenciais; já na vida pessoal, a dinâmica é diferente: ela exige uma série de pontos muito mais complexos e delicados para serem desvendados. Enquanto o sucesso profissional muitas vezes é medido em números – faturamento, crescimento, reconhecimento –, o sucesso pessoal não pode ser quantificado. Ele está mais ligado à paz interior, à qualidade dos relacionamentos e à capacidade de encontrar significado em pequenas coisas. A busca também é diferente. É preciso vivenciar situações de paciência, renúncia, perdão e amor para encontrar pistas de quais caminhos devemos seguir. Sucesso pessoal, então, não é acumulação, mas qualidade de vida, paz interior.

Convido você a redefinir o que é sucesso, alinhando suas ambições a um propósito maior que envolva não apenas realizações externas mas também transformação pessoal. Vamos começar com uma pergunta profunda: O que é felicidade para você?

Lendo o livro *O homem mais feliz do mundo*, de Eddie Jaku,[89] aprendi que a felicidade está em momentos simples e profundos com quem amamos. Eddie, sobrevivente do Holocausto, conta da saudade de estar em um pequeno cômodo, com toda a família comendo juntos, do simples sorriso acolhedor de sua mãe e dos momentos de aprendizado com seu pai. No final da obra, ele também fala:

---

89 JAKU, E. **O homem mais feliz do mundo**: memórias de um sobrevivente do Holocausto. São Paulo: Universo dos Livros, 2021.

> A bondade é a maior riqueza de todas. Pequenos atos de bondade duram mais do que uma vida inteira. Esta lição, de que a bondade e a generosidade e a fé no próximo são mais importantes do que o dinheiro, é a primeira e maior lição que meu pai me ensinou. E, desta forma, ele estará sempre conosco e viverá para sempre.

Pesquisas como o famoso estudo de Harvard[90] sobre felicidade revelam que as conexões humanas são o fator mais importante para uma vida plena. Ao final de suas vidas, as pessoas não se arrependem de ter trabalhado menos ou ganhado menos dinheiro, mas de não terem dedicado mais tempo às pessoas que amam.

Outro estudo, publicado no *BMJ Open*,[91] mostra que o voluntariado tem um impacto profundo na saúde mental e no bem-estar de todos os envolvidos. Além disso, indivíduos que se engajam em atividades voluntárias regularmente apresentam melhor saúde mental, sobretudo em fases mais avançadas da vida. O voluntariado é uma oportunidade única de criar conexões genuínas e encontrar propósito.

Um dos maiores erros que cometemos é separar a vida profissional da pessoal como se fossem opostos irreconciliáveis. O verdadeiro segredo não está em sacrificar uma coisa pela outra, mas em encontrar um equilíbrio em que ambas se alimentem mutuamente. Seu sucesso empresarial deve ser a base para cuidar de coisas importantes, como família, saúde e espiritualidade. E é justamente a paz interior e o espírito de serviço que vão fortalecer você para enfrentar os desafios do mundo empresarial.

Na missão de construir algo significativo no mundo dos negócios, é fácil cair na armadilha de pensar que a vida pessoal deve ser sacrificada. Isso é um erro grave. Os maiores empreendedores são aqueles que conseguem

---

90 MINEO, L. Good Genes are Nice, but Joy is Better. **The Harvard Gazette,** 11 abr. 2017. Disponível em: https://news.harvard.edu/gazette/story/2017/04/over-nearly-80-years-harvard-study-has-been-showing-how-to-live-a-healthy-and-happy-life/. Acesso em: 9 abr. 2025.

91 TABASSUM, F.; MOHAN, J.; SMITH, P. Association of Volunteering With Mental Well-being: a Lifecourse Analysis of a National Population-based Longitudinal Study in the UK. **BMJ Open**, Londres, v. 6, n. 8, p. 1-9, 2016. Disponível em: https://bmjopen.bmj.com/content/6/8/e011327. Acesso em: 9 abr. 2025.

encontrar um propósito maior que une essas áreas. A energia que vem de um relacionamento familiar forte, de amizades genuínas e de um senso de contribuição é incomparável.

LIDERANDO COM O CORAÇÃO

Bill Campbell, o "coach de 1 trilhão de dólares" que ajudou fundadores como Steve Jobs, Larry Page e Sergey Brin, é um grande exemplo de liderança com o coração. Ele nos ensina que cuidar das pessoas é essencial, tanto na vida profissional quanto na pessoal. Sua filosofia era simples: se você cuida das pessoas, elas cuidarão do negócio. Para ele, liderar com o coração é abandonar o ego e priorizar o bem-estar dos outros.

Campbell acredita que ouvir é o primeiro passo para construir conexões reais. Sua abordagem valoriza a empatia e a generosidade como forças capazes de alinhar equipes, superar desafios e criar culturas organizacionais saudáveis e resilientes. Essa lógica, no entanto, não se limita ao trabalho. Quando você cuida da felicidade, do equilíbrio e da saúde mental das pessoas ao seu redor, o impacto positivo se multiplica. Como meu amigo Pablo Cavalcante, fundador da empresa de tecnologia Inmetrics, me disse certa vez: "O bem sempre retorna, de uma forma ou de outra".

Já citei aqui Clayton Christensen, professor de Harvard e autor de *O dilema da inovação*. Meu livro favorito dele, porém, é *Will You Measure Your Life*,[92] que oferece uma perspectiva valiosa sobre como equilibrar carreira, propósito e felicidade. Christensen propõe que os mesmos princípios de gestão e inovação que fazem empresas prosperarem podem ser aplicados à vida pessoal.

Uma das ideias mais poderosas do livro é a distinção entre estratégia deliberada e estratégia emergente. Assim como empresas bem-sucedidas equilibram planejamento e flexibilidade para se adaptar às mudanças do mercado, nós também devemos definir objetivos de longo prazo, mas sem ignorar oportunidades inesperadas. Muitas vezes, as escolhas que moldam nossa felicidade surgem de caminhos que não havíamos planejado, e a rigidez excessiva pode nos impedir de enxergar essas oportunidades.

---

92 CHRISTENSEN, C.; ALLWORTH, J.; DILLON, K. **How Will You Measure Your Life?** Nova York: HarperCollins, 2012.

Outro ponto crucial é a alocação de recursos. Da mesma forma que um executivo decide onde investir capital e tempo, cada pessoa deve escolher com sabedoria onde investe sua energia. Muitos cometem o erro de priorizar a carreira e o crescimento financeiro, negligenciando família, amigos e bem-estar pessoal. Essa alocação errada só se torna evidente tarde demais, quando os relacionamentos já estão desgastados e o equilíbrio foi perdido.

Christensen também alerta sobre o perigo do pensamento marginal, a tendência de justificar pequenas concessões éticas ou emocionais. Essas escolhas, quando acumuladas, podem nos desviar completamente de nossos valores e propósitos. Esse princípio é especialmente relevante para líderes e empreendedores, que com frequência enfrentam dilemas morais e decisões que testam sua integridade.

O conceito de *job-to-be-done* – usado no marketing para entender o que motiva os consumidores a comprar um produto – também se aplica à vida pessoal. Em vez de supor o que nossos parceiros, filhos ou amigos precisam, devemos nos perguntar: "Qual é o verdadeiro papel que exerço na vida dessas pessoas?". Esse entendimento fortalece relações e evita mal-entendidos que surgem de expectativas não alinhadas.

No final das contas, Christensen nos desafia a reavaliar o que realmente significa sucesso. Ele conclui que uma vida bem vivida não é definida por dinheiro ou conquistas profissionais, mas pelo impacto positivo que deixamos nos outros, a força de nossos relacionamentos e a coerência entre nossos valores e ações. A grande lição do livro é clara: felicidade e propósito são resultados de escolhas intencionais e investimentos conscientes ao longo da vida.

Com isso em mente, insiro aqui o eixo central do Método do Octógono: seu propósito pessoal.

Depois que finalmente entendi isso, comecei a considerar meu propósito em tudo o que eu faço na minha vida – desde os projetos que me envolvo, os planos familiares, as viagens que pretendo fazer, as rodas de que gosto de fazer parte.

COLOCANDO A TEORIA EM PRÁTICA

Minha jornada como voluntário na Karimu Foundation foi um divisor de águas e colocou em prática o que eu havia definido como meta no Caminho de Santiago. Inicialmente, tive muito medo. Medo de me expor ao sofrimento, medo de ver de perto a realidade de comunidades vivendo em pobreza extrema. Mas esse medo logo deu lugar a algo muito maior. Ao me colocar a serviço de outras pessoas, percebi que não estava apenas ajudando a transformar suas vidas; eu estava transformando a minha.

O contato com o sofrimento dos outros é uma das experiências mais transformadoras que podemos viver. Ela nos machuca e impacta no começo, mas pode se transformar em algo incrivelmente poderoso e recompensador no médio e longo prazo. Por exemplo, ao trabalhar com comunidades em situações de vulnerabilidade, também percebi que o mais prazeroso era me colocar em uma posição de igualdade com quem precisa de ajuda, simplesmente deixando claro que você está ali para ajudar. Isso porque, em geral, temos o defeito de nos sentirmos superiores, mais ricos, mais sábios, mais capazes do que as pessoas que estão vulneráveis. Muitas vezes isso não é verdade e não é a abordagem que funciona. O que funciona é a empatia, a humildade, o simples ato de se colocar a serviço, sem interesse, sem pedir nada em troca. E, ao fazer isso, você vai aprender mais do que ensinar, você vai receber mais do que vai doar.

Sair da rotina e da zona de conforto para iniciar meu compromisso sério como voluntário foi muito difícil. E eu não estava errado: quando me deparei com crianças de 3 a 8 anos cujo trabalho era buscar água para suas famílias, caminhando às vezes 10 quilômetros por dia enquanto carregavam um balde de água de 20 litros, fiquei impactado e emocionado. É um sentimento parecido com o que temos quando vemos crianças muito pobres pedindo dinheiro no semáforo. Como seres humanos que somos, não ficamos inertes a uma situação como essa. Se você vê uma pessoa se afogando e você sabe nadar, você fica olhando ou você age para salvar a pessoa? Garanto que, se você não for um sociopata, você vai agir para salvar uma vida.

O milagre acontece quando, depois de impactado, você age. Não importando o tamanho da ação, o simples fato de agir muda algo dentro de você e traz uma recompensa maravilhosa. Um detalhe importante, porém, está na profundidade do "agir". Vamos voltar e analisar a situação de uma criança que pede moeda no semáforo. A ação de dar alguns centavos manifesta o sentimento de "estou fazendo a minha parte", o que por instantes o faz pensar que fez a coisa certa. Agora, imagine se você pudesse pegar essa criança e levá-la no projeto social de ensino de matemática em uma comunidade que vive em situação de vulnerabilidade econômica, fazendo-a voltar a frequentar a escola. Imagine ainda se, anos depois, você fosse convidado para a formatura dela do ensino fundamental. Como você se sentiria olhando no olho dela no dia da formatura?

A ação de dar a moeda é mais simples, mais isenta, mais imediata, com enorme potencial de não ter efeito nenhum na trajetória daquela vida. Muita gente não oferece ajuda financeira de maneira pontual porque esse dinheiro pode ser usado para piorar a situação de quem o recebe. Já a ação mais profunda é uma tentativa de despertar um sentimento de amor e felicidade únicos.

Uma situação marcante que vivenciei foi com irmãos de uma família que classificamos como os "mais pobres dos mais pobres": pessoas em uma situação de fragilidade comovente. Todos os dias, ao irmos a pé do escritório da Karimu, em Dareda Kati, até o Instituto de Agricultura, onde ficava nosso alojamento, passávamos por eles. Essas crianças não tinham espelho em casa e praticamente nunca viam os próprios rostos. Quando passávamos, eles pediam que tirássemos uma *selfie* com elas e viam a foto com alegria enorme. O "Edu" que chegou na África pela primeira vez ficaria profundamente abalado com essa situação, algo similar ao impacto triste da criança no semáforo. Entretanto, a reação que tive oito meses depois, na segunda viagem, foi completamente diferente: meu sentimento era de esperança, confiando que aquela família e aquelas crianças teriam uma vida melhor por causa do trabalho da Karimu. O medo de ver a realidade nua e crua se transformou milagrosamente em um combustível para continuar a missão de servir.

Essa força passou também a ser contagiante para quem convive comigo e quem trabalha próximo a mim. Recebi, por exemplo, muitas mensagens de pessoas encantadas com o trabalho na Karimu, algumas querendo saber mais, e muitas se comprometendo a iniciar doações frequentes, com o objetivo de um dia ir comigo à Tanzânia ver o impacto do investimento. Em uma conversa, um empreendedor brasileiro me contou que o que mais chamou a atenção dele foi o dado de que, depois de quinze anos de projetos e investindo

5 milhões de dólares, a Karimu tirou 15 mil pessoas da pobreza extrema de maneira autossustentável! Isso dá apenas 333 dólares por pessoa!

No trabalho de mentoria que faço, muitos clientes, parceiros e mentores agora entendem a importância de um propósito maior. Mais da metade dos meus ganhos na escola se transforma em doações para a Karimu, e todos os direitos e ganhos deste livro estão sendo doados para a causa. Além disso, alguns clientes da mentoria passaram a introduzir em seu modelo de negócio ou como parte de sua cultura organizacional algum projeto social para engajar. Não há alegria maior para mim do que ver isso acontecendo.

Curiosamente, várias pessoas passaram a me enviar projetos e histórias maravilhosas de pessoas que fazem trabalhos incríveis e que realmente estão fazendo a diferença na realidade delas, e, como consequência, estão mais próximos da felicidade. Inspirado por uma palestra minha, um empreendedor do Sul do país passou a trocar ideias comigo sobre o poder de envolver a empresa nesses projetos sociais. Ele me contou que teve uma epifania durante minha fala e que agora tudo fazia sentido para ele. Ele ainda me recomendou a assistir ao filme *A forja*,[93] como um exemplo de tudo o que ele havia entendido sobre o que eu queria transmitir. Na mesma semana assisti ao filme e o recomendo fortemente: é muito inspirador!

Por fim, comecei a envolver minha família no meu dia a dia de trabalho voluntário com a Karimu. Troco ideias com meus filhos e minha esposa, mostro em que estou trabalhando, compartilho fotos e conquistas com eles. Tenho um acordo com meus filhos: eles precisam reservar 10% das mesadas e do dinheiro que ganham de presente para doações que eles escolherem. Com o trabalho na Karimu, eles decidem em qual projeto querem investir suas doações. Deixar esse exemplo para eles me dá uma satisfação enorme.

CONVITE À REFLEXÃO

Sucesso não é acumulação, e sim significado. Trata-se de como usamos nossas conquistas para construir uma vida que vale a pena ser vivida. Isso começa quando colocamos o coração à frente da razão, quando trocamos o

---

93 A FORJA. Direção: Alex Kendrick. Albany, Geórgia: Kendrick Brothers, 2024. 1 DVD (123min).

ego pelo serviço e quando percebemos que o verdadeiro legado é aquele que inspira os outros a continuar a jornada.

Uma das histórias que mais me emociona é do jogador de futebol senegalês Sadio Mané. Ele é um exemplo notável de generosidade e compromisso com sua comunidade. Em uma entrevista,[94] ele disse: "Por que eu teria dez Ferraris, vinte relógios de diamante ou dois aviões? O que todos esses objetos fazem por mim e pelo planeta?". Para Mané, a verdadeira felicidade reside em ajudar seu povo. Suas ações filantrópicas incluem a construção de escolas e hospitais em sua cidade natal, Bambali, além de ele ter feito doações significativas para combater a covid-19 no Senegal. Mané enfatiza que, para ele, há coisas na vida muito mais importantes do que o futebol e que ajudar sua comunidade é o que lhe traz maior alegria.

O trabalho voluntário proporciona algo que muitas vezes falta em outros aspectos da vida: um propósito maior. Como vimos no exemplo de Mané, o ato de servir oferece uma forma tangível de retribuir à sociedade e de sentir que nossas ações têm impacto significativo. Esse senso de propósito é um poderoso antídoto contra a ansiedade e o estresse, funcionando como âncora emocional que ajuda a navegar pelos desafios da vida.

Para alinhar suas ações a um propósito maior, proponho os seguintes exercícios:

- **Mapa da Felicidade**: Crie um mapa dos momentos que trouxeram alegria à sua vida. Reflita sobre o que essas experiências têm em comum e como você pode replicá-las.
- **Exercício das máscaras**: Liste as "máscaras", "muletas" ou os medos que você tem que o impedem de fazer algo concreto para ajudar concretamente o próximo. Reflita sobre quais delas você precisa deixar para trás para passar a agir.
- **Identificação de legado**: Escreva uma carta para si mesmo, descrevendo como gostaria de ser lembrado pelas pessoas mais importantes da sua vida. Use essa visão como guia para suas escolhas diárias.

---

94 MOTA, C. Mané e a alegria de ajudar o povo de Senegal: "Muito mais importante do que o futebol". **GE**, 24 jan. 2025. Disponível em: https://ge.globo.com/futebol/futebol-internacional/noticia/2025/01/24/mane-e-a-alegria-de-ajudar-o-povo-de-senegal-muito-mais-importante-do-que-o-futebol.ghtml. Acesso em: 9 abr. 2025.

• **Atos de generosidade:** Escolha uma pessoa, ONG ou comunidade para ajudar de maneira significativa. Não quero que você doe um monte de dinheiro, mas que você realmente aja em prol daquela entidade. Reflita sobre como esse ato impactou você e a outra parte.

Para mim, uma das melhores formas de aprender é com exemplo, principalmente quando eles nos inspiram. Agora quero levar você a uma viagem para conhecer casos magníficos de profissionais que me inspiraram ao usar seu sucesso profissional para abrir um novo capítulo de suas carreiras. Apresse-se, pois já soou o aviso de que o barco está partindo...

CAPÍTULO 13
TRANSFORMANDO NEGÓCIOS E VIDAS

O **Método do Octógono foi aplicado em muitas empresas, de diferentes tamanhos** e maturidade, e fiquei impressionado com quão espetaculares foram os resultados dos empreendedores que tiveram a disciplina de seguir esses passos. Cada empreendedor e empresa tem a própria história, as prioridades, os desafios, mas eu acredito profundamente na inspiração e nas lições dos casos de sucesso do iFood, da reestruturação da Wavy e do PlayKids, que deram frutos como a venda para a Sinch e a criação do game PK XD, da transformação que o Fabiano Cruz teve de fazer na Zoop antes de se unir em definitivo ao iFood Pago, das dificuldades da Tereza Santos e do Rodrigo Cartacho para reinventar a Sympla durante e após a pandemia. Muito do que eu ensinei neste livro ajudou esses negócios a construírem valor e vão ajudar você em seu caminho.

Agora, porém, quero mostrar o lado mais importante de tudo o que aprendi nessa jornada: os exemplos de empreendedorismo social que preencheram meu coração com propósito pessoal positivo. Quando você consegue ter isso em sua vida pessoal e o conecta com o propósito de sua empresa, você tem o melhor dos mundos. Mesmo sem saber, quando reflito sobre todo o caminho percorrido, penso que de certa forma tivemos isso em muitos momentos.

Depois que o PlayKids virou uma empresa que crescia e era bastante reconhecida no mercado, passamos a receber muitas cartas de pais de crianças no espectro autista, nas quais eles explicavam que o aplicativo os ajudava muito no dia a dia com as crianças, principalmente pela qualidade do conteúdo e pela simplicidade de uso. Isso sem falar das muitas histórias de donos de restaurantes que viabilizaram seu negócio por causa do iFood; alguns até sobreviveram à pandemia graças a nossa empresa. Ouvi de um amigo, extremamente grato por nosso trabalho, que ele conseguia mandar comida para a mãe que estava doente com câncer em São Paulo enquanto ele trabalhava nos Estados Unidos. Sem contar quanta gente usa a plataforma da Sympla para organizar eventos beneficentes.

Tive o privilégio de trabalhar com pessoas boas, que queriam o sucesso, e que também queriam fazer o bem.

A trajetória inspiradora da psicóloga Mara Guimarães no Vale do Jequitinhonha

Mara Guimarães, psicóloga, é uma pessoa comum que trabalha fazendo atendimento em seu consultório e tem uma vida ativa com sua família, ajudando a filha a cuidar da netinha de 4 anos, que é um barato. Moradora de Poços de Caldas, tem seus hobbies e faz atividade física. Contudo, além da vida normal, ela decidiu investir tempo e recursos em um projeto para dar voz às mulheres empreendedoras do Vale do Jequitinhonha, uma das regiões mais desafiadoras do Brasil. Em uma conversa comigo, Mara me contou que essa experiência gerou nela uma satisfação infinita, como poucas vezes sentiu na vida. Na missão que ela escolheu para fazer do mundo um lugar melhor, ela idealizou, produziu e divulgou um documentário[95] que retrata as histórias de resiliência e criatividade das mulheres que moldam o Vale, transformando tradições em meios de sustento e gerando impacto social. Por meio do documentário, financiado por uma "vaquinha" que ela fez entre amigos, Mara captura a essência do cotidiano dessas mulheres, destacando a força cultural e a importância de suas artes em meio a adversidades socioeconômicas e ambientais.

Conforme vemos no filme, o Vale do Jequitinhonha é conhecido como uma região de contradições. Em meio à beleza natural marcada por biomas como Mata Atlântica, Caatinga e Cerrado, a escassez de recursos naturais e a monocultura do eucalipto intensificam os desafios da gente sofrida que mora ali. É nesse contexto que as mulheres artesãs, muitas vezes líderes de suas famílias e comunidades, transformam adversidades em criações artísticas de grande valor cultural e econômico. Desde a coleta e o tratamento do barro até o tingimento sustentável de fios com plantas locais, cada etapa de produção carrega não apenas técnica mas também história, tradição e resiliência.

---

95 MULHERES do Jequitinhonha. Disponível em: www.youtube.com/@mulheresdo jequitinhonha. Acesso em: 4 abr. 2025.

A obra da Mara revela a importância do trabalho coletivo e da transmissão de conhecimentos entre gerações. Ele também expõe as dificuldades enfrentadas pelas artesãs, como o acesso limitado a água, insumos básicos e canais de comercialização. Apesar dessas barreiras, o compromisso com a arte e a cultura local transcende a falta de infraestrutura. O apoio do Sebrae tem sido fundamental para essas mulheres, oferecendo capacitação em marketing, precificação e estratégias de mercado, além de conectar as peças a mercados nacionais e internacionais.

Um dos grandes méritos do projeto é evidenciar como o artesanato não é apenas uma fonte de renda, mas um símbolo de resistência e identidade cultural. Histórias como a de dona Iracema, que aprendeu a fiar algodão e hoje ensina a tradição às novas gerações, são narrativas de empoderamento, mesmo com a agressiva seca que impacta profundamente os moradores da região. O trabalho dessas mulheres é uma prova de que, mesmo em condições adversas, é possível criar beleza e gerar impacto social positivo.

O documentário, além de sensibilizar o público, tem por objetivo mobilizar recursos para fortalecer os projetos do Sebrae que visam transformar a realidade das artesãs. A iniciativa busca atrair investidores e parceiros que reconheçam a importância de valorizar o território e suas tradições, promovendo uma economia sustentável que respeite o meio ambiente e as pessoas que nele vivem.

Algumas semanas após o lançamento, Mara conseguiu recursos para custear um poço para a comunidade que mora próximo a dona Iracema, personagem do documentário. Que maravilha!

Com essa iniciativa, Mara demonstra, com sensibilidade e profundidade, que investir nas mulheres do Vale do Jequitinhonha é aplicar em um futuro mais justo e sustentável. Suas histórias nos lembram de que a verdadeira riqueza está na força humana, na tradição e na capacidade de transformar adversidades em esperança.

Nelson Mattos e Marianne Kent-Stoll: o executivo de tecnologia e a diretora de escola que tiraram 15 mil pessoas da pobreza extrema

Nelson Mattos, um grande mentor na minha vida, fez carreira se tornando um líder global em tecnologia. Para mim, ele é um exemplo inspirador do poder transformador de alinhar sucesso profissional com o compromisso com o serviço ao próximo. Nascido em Porto Alegre, no Rio Grande do Sul, ele foi um dos brasileiros que mais alto chegou na hierarquia do Google. Tive o privilégio de conhecê-lo no Vale do Silício, quando ele generosamente almoçava comigo algumas vezes por ano para me dar conselhos sobre a gestão da minha equipe.

Cresceu em uma família de classe média com cinco filhos. Desde cedo, sua trajetória foi marcada pela resiliência e pelo espírito empreendedor, desde vender limões no mercado local ainda criança até conciliar diversos trabalhos durante a vida universitária. Essas experiências moldaram seu caráter, destacando os valores de trabalho duro e adaptabilidade que se tornariam centrais em sua notável carreira.

Sua trajetória acadêmica inclui bacharelado, mestrado e doutorado em Ciência da Computação, alcançados com determinação e um profundo desejo de aprender. Nelson acumulou vivências diversas, que vão desde frequentar escolas militares até estudar nos Estados Unidos e, posteriormente, na Alemanha. Essas experiências ampliaram sua visão de mundo e o prepararam para uma carreira dinâmica e multifacetada. Ele iniciou a vida profissional como consultor e mais tarde se destacou na academia, onde orientou mais de trinta alunos em suas teses, desenvolvendo habilidades de liderança e gestão de pessoas.

Durante seus dezesseis anos na IBM, Nelson ocupou posições de destaque em pesquisa, desenvolvimento e gerenciamento geral. Foi nesse período que ele refinou a capacidade de navegar por ambientes corporativos complexos, equilibrando conhecimento técnico com liderança estratégica. Um dos aprendizados mais importantes que compartilha é o valor de construir e aproveitar equipes diversificadas, destacando que o impacto coletivo sempre supera as contribuições individuais. Nelson buscava constantemente orientação de mentores e cultivava relações com indivíduos excepcionais, reconhecendo que a colaboração e o aprendizado mútuo são pilares do sucesso.

Ao se juntar ao Google, Nelson assumiu a posição de vice-presidente, liderando a criação de centros de engenharia fora dos Estados Unidos com mais de 5 mil funcionários em sua organização. Seu estilo de liderança, fundamentado em humildade e colaboração, permitiu que prosperasse na cultura dinâmica e inovadora da empresa. Ele destacou a importância de compreender e respeitar a diversidade cultural, habilidade que aplicou ao liderar equipes e lançar projetos em mercados ao redor do mundo. Sua capacidade de adaptação e foco em construir relacionamentos sólidos foram determinantes para o sucesso de suas iniciativas globais. Em seus três últimos anos no Google, Nelson teve como uma de suas responsabilidades cuidar das iniciativas da Google.org, braço filantrópico da gigante de tecnologia global. Com isso na agenda, ele teve a oportunidade de conhecer o trabalho de ONGs pelo mundo todo, aprendendo boas práticas que um dia poderiam ajudá-lo a abrir a própria fundação.

Após encerrar a carreira corporativa, Nelson se aventurou em uma missão humanitária na Tanzânia pela Karimu Foundation; aí decidiu realmente fazer a diferença no mundo. Ao invés de começar sua fundação do zero, decidiu juntar forças com Marianne Kent-Stoll e Don Stoll, fundadores da entidade.

O casal Stoll, em 2007, juntou dinheiro para fazer a primeira viagem internacional da vida. Ambos são educadores; Marianne trabalhava como diretora de uma escola na Califórnia, e Don cuidava dos processos de admissão de alunos de outra instituição. Eles não queriam uma viagem turística comum, queriam uma experiência que agregasse algo para a vida e acabaram contratando uma agência de turismo especializada em imersões na África. Isso os levou ao distrito de Babati, em uma área rural no interior da Tanzânia, a quatro horas de ônibus do Aeroporto Internacional do Monte Kilimanjaro. Eles passaram uma semana vivendo na comunidade e, ao perguntar onde eles mais precisavam de ajuda, ouviram que o governo estava ameaçando fechar a escola de Ufani por causa das péssimas condições do banheiro.

A comunidade precisava de 500 dólares para reconstruir o banheiro e salvar a escola. Marianne fala: "Você não pode virar as costas para seus amigos. Essas pessoas agora fazem parte da nossa vida, são nossa família". Os Stoll não só conseguiram os 500 dólares como também voltaram muitas e muitas vezes a Babati, inclusive para construir com as próprias mãos os banheiros, as escolas, os centros de saúde e muitos outros projetos que vieram depois disso.

Quando cheguei à Tanzânia pela primeira vez, fiquei pasmo com o respeito e a conexão de Marianne e Don com a comunidade. Foi justamente isso que chamou a atenção do Nelson, que decidiu juntar forças com eles.

Como COO da Karimu Foundation, Nelson Mattos se engajou na missão de erradicar a pobreza em regiões em desenvolvimento, concentrando-se em áreas críticas como saneamento, educação, saúde, educação financeira e empreendedorismo com geração de renda, como aprendemos no relatório[96] anual da entidade, reproduzido a seguir.

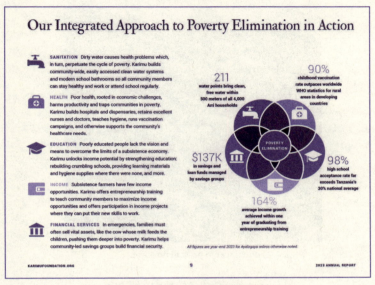

Fonte: ANNUAL Reports. **Karimu**.
Disponível em: www.karimufoundation.org/annual-reports. Acesso em: 24 abr. 2025.

Sua liderança tem sido essencial para impulsionar os projetos da Karimu, coordenando uma equipe de voluntários de dezessete países e garantindo que mais de 95% das doações sejam destinadas diretamente às comunidades. Sua capacidade de inspirar confiança e mobilizar recursos é fruto de uma vida dedicada a construir conexões significativas e demonstrar integridade inabalável.

Perguntei ao Nelson qual era o sonho dele; a resposta foi escalar a Karimu de maneira autossustentável, para que ela se tornasse independente de seu trabalho. Ele também sonhava que essa metodologia de combate à pobreza extrema fosse copiada por várias outras entidades pelo mundo.

---

96 KARIMU. **Karimu 2023 Annual Report.** Babati District: Karimu, 2023. Disponível em: www.karimufoundation.org/annual-reports. Acesso em: 4 abr. 2025.

Ao lado do Nelson e da Marianne, vivi dois dos momentos mais felizes da minha vida: o primeiro foir quando cheguei em Ayalagaya pela primeira vez, na missão humanitária de 2023, e uma multidão de mais de mil pessoas pulava e festejava a chegada dos voluntários da missão.

Fonte: Acervo pessoal do autor.

O segundo momento foi na festa de despedida, quando eu tentava aprender a coreografia das crianças, dançando entre o Nelson e a Marianne. O "Padawan" no meio de dois "Jedis" poderosos!

Fonte: Acervo pessoal do autor.

Mauricio Benvenutti: o empreendedor que usou empreendedorismo para combater a pobreza no Nordeste do Brasil

Nascido na cidade de Vacaria, no Rio Grande do Sul, Mauricio desde cedo esteve envolvido em debates sobre formação humana. Ele foi sócio da XP e ajudou a empresa a escalar seu negócio – e ela se tornou uma das maiores instituições financeiras do Brasil – e depois montou a StartSe, empresa de educação executiva e empreendedora.

Um dos projetos mais emblemáticos liderados por Mauricio foi o JA Startup, desenvolvido em parceria com a Junior Achievement. Essa iniciativa leva metodologias de empreendedorismo, adaptadas de programas executivos, para jovens em escolas públicas. Em 2018, o projeto alcançou a cidade de Indiaroba, no interior de Sergipe, conhecida por seus baixos índices de desenvolvimento humano. Mauricio e sua equipe transformaram o programa de oito semanas em uma imersão intensiva de uma semana, em que jovens identificaram problemas locais e trabalharam juntos para criar soluções empreendedoras.

O impacto foi transformador. Durante a imersão, um grupo de estudantes identificou o excesso de mangabas caindo nas ruas da cidade como um problema. Esse desafio se tornou uma oportunidade: eles criaram a primeira cerveja de mangaba do Brasil, dando origem à Cervejaria Pontal. A empresa não apenas gerou empregos e movimentou a economia local mas também se tornou um símbolo de como jovens podem se tornar agentes de mudança em suas comunidades.

O sucesso do projeto em Indiaroba foi tão marcante que a disciplina de empreendedorismo virou política pública na cidade, implementada em todas as séries escolares. Além disso, a prefeitura criou um fundo anual para investir em ideias da população, consolidando uma cultura de inovação e protagonismo. Como Mauricio relembra: "Esses jovens desobedeceram às expectativas que estavam predestinadas a eles, transformando o impossível em uma nova realidade".

Hoje, Mauricio continua expandindo seu impacto por meio da StartSe, ministrando programas executivos ao redor do mundo e compartilhando seu conhecimento como autor e palestrante. Ele acredita que, ao investir tempo e conhecimento em comunidades, não apenas transformamos vidas mas também aprendemos e crescemos como indivíduos. Sua trajetória é um exemplo poderoso de como o empreendedorismo e a educação podem criar um ciclo virtuoso de transformação social e econômica.

Rodrigo Cartacho: um exemplo de resiliência, impacto e transformação social

Rodrigo é reconhecido como um dos empreendedores mais visionários do Brasil, cofundador da Sympla, uma das maiores plataformas de eventos do país. Fundada em 2012, em Belo Horizonte, a Sympla nasceu com o propósito de simplificar a organização e a gestão de eventos, oferecendo soluções intuitivas e acessíveis, tendo recebido investimento inicial da Movile em 2016. Sob a liderança de Rodrigo, a Sympla conquistou um crescimento exponencial, tornando-se referência no mercado, mesmo enfrentando desafios como a pandemia, que paralisou completamente o setor de eventos por mais de um ano.

Além de seu sucesso empresarial, Rodrigo construiu uma carreira marcada por valores sólidos e impacto social. Sua trajetória não envolveu apenas criar uma empresa lucrativa, mas manter a essência e o propósito ao longo de todo o processo. Ele frequentemente destaca que um de seus maiores orgulhos foi construir a Sympla sem perder a alma da organização, algo que ele considera raro no mundo corporativo.

Rodrigo é também um defensor ativo da transformação social por meio da educação e do empreendedorismo. É um dos principais apoiadores do projeto Crio Impossível, uma iniciativa que promove educação empreendedora para jovens de escolas públicas. O impacto do Crio Impossível é impressionante: o projeto já realizou eventos que reuniram mais de 16 mil estudantes em estádios, com transmissões ao vivo para mais de 200 mil jovens em todo o Brasil. Essa iniciativa busca romper barreiras e mostrar que sonhar e empreender é possível, mesmo em contextos desafiadores. Rodrigo acredita que, ao inspirar esses jovens, o Crio Impossível planta as sementes para uma nova geração de líderes e empreendedores.

Outro projeto marcante que reflete o compromisso de Rodrigo com a sociedade é sua participação na organização Humos, que realiza missões de resgate em desastres naturais. Durante o terremoto de 2023 na Turquia, Rodrigo esteve na linha de frente, auxiliando no resgate de vítimas em condições extremas. Essa experiência reforçou sua visão de que ações diretas, mesmo em contextos adversos, podem ter um impacto significativo e transformador. A Humos também enviou uma missão ao Rio Grande do Sul durante a grande calamidade causada pelas enchentes em 2024.

Ele também é um grande exemplo de superação em sua vida pessoal. Diagnosticado com uma condição degenerativa que afetava os joelhos, ele foi informado que jamais poderia voltar a correr. Com disciplina e determinação, desafiou as previsões médicas e, anos depois, se tornou um corredor de montanha, completando maratonas em locais emblemáticos, como a Patagônia. Sua história inspirou milhares de pessoas a ressignificarem os próprios desafios, mostrando que é possível reverter adversidades com dedicação e resiliência.

Para mim, Cartacho não é apenas um empreendedor de sucesso mas também um líder que entende a importância de retribuir a sociedade. Ele exemplifica como uma trajetória empresarial pode ser alinhada com valores humanos e projetos de impacto social. Sua capacidade de combinar visão estratégica, resiliência pessoal e compromisso com o bem-estar coletivo o torna um modelo inspirador para empreendedores e líderes de todas as áreas.

Hoje, Rodrigo se dedica a compartilhar sua história e inspirar outros a transformarem desafios em oportunidades. Seja apoiando iniciativas sociais, promovendo educação empreendedora ou incentivando as pessoas a acreditarem nos próprios potenciais, ele continua a trilhar um caminho de impacto e propósito, provando que o sucesso pode – e deve – andar de mãos dadas com a generosidade e a transformação social.

Em uma entrevista para me ajudar com o conteúdo deste livro, eu perguntei: "Você é mais feliz hoje ou quando estava no auge do trabalho na Sympla?". Ele me respondeu: "Muito mais feliz com o que eu faço hoje, mesmo ainda não tendo conseguido juntar todo o patrimônio de que eu gostaria. Para mim, esse tipo de trabalho é 50% altruísta, mas de certa forma 50% egoísta. Eu faço o bem porque é a coisa certa a se fazer, mas faz bem para minha alma receber a energia positiva fruto desse trabalho".

Pablo Cavalcanti: o nerd de tecnologia que aprendeu no espiritismo que o trabalho de formiguinha é importante

Conheci o Pablo na Unicamp como colega de turma. Era um dos alunos mais dedicados da turma, sempre tendo suas notas como destaque.

Fundador da Inmetrics e membro da Young President's Organization (YPO), é um exemplo notável de profissional bem-sucedido que encontrou sua felicidade e seu propósito no serviço ao próximo. Minha primeira ação de caridade com ele foi há mais de 20 anos, no Centro Boldrini em Campinas, hospital que cuida de crianças com câncer. Lá nós nos vestíamos de palhaços inspirados nos Doutores da Alegria e visitávamos as crianças que estavam em tratamento. Nunca me esqueço do olhar de gratidão dos pais daqueles batalhadores e também nunca me esqueço do sentimento de alegria e dever cumprido que eu sentia após sair do hospital.

O tempo passou, e Pablo passou a frequentar a Morada Espírita Professor Lairi Hans. A Morada, fundada em 29 de outubro de 1980, é uma entidade kardecista e filantrópica reconhecida pela Prefeitura Municipal de Campinas. Desde sua fundação, ele tem se dedicado a diversas atividades de caridade, com foco especial na arrecadação e na distribuição de alimentos para famílias carentes. Toda semana, voluntários se reúnem para coletas de alimentos, percorrendo diversos bairros de Campinas de porta em porta, contando com a generosidade daqueles que se dispõem a repartir a fatia de pão. Depois, os alimentos são separados e, na véspera da distribuição, os voluntários montam as cestas básicas. A doação de alimentos equivale a aproximadamente 3 toneladas por mês, chegando a atingir 5 toneladas no Natal.

Além da distribuição de cestas básicas, a Morada realiza visitas aos bairros periféricos de Campinas, buscando identificar e auxiliar famílias em situação de vulnerabilidade, muitas vezes compostas de crianças, pessoas doentes ou idosos desamparados. No inverno, são realizadas campanhas para a distribuição de cobertores e agasalhos, e voluntárias confeccionam pijamas de flanela e meias de lã para serem distribuídos a todas as crianças e idosos assistidos. No final do ano, a Morada organiza uma festa de Natal para as crianças assistidas, com a presença do Papai Noel e a distribuição de brinquedos, roupas novas, doces e outras guloseimas, assim como atividades recreativas.

Além da busca religiosa, ele começou a se engajar como voluntário nessas ações de caridade da entidade. Desde então, com um compromisso incondicional, Pablo dedica todos os sábados a esse trabalho, acreditando que "não basta realizar, tem que se realizar". Ele encontrou essa realização no serviço ao próximo. Ele relata que, ao longo dos anos, descobriu a verdadeira felicidade e o sentido da vida por meio desse trabalho. Para ele, não é suficiente alcançar feitos profissionais ou financeiros se não houver realização pessoal, e ele encontrou essa realização no serviço ao próximo. Muitas vezes, ao entregar uma cesta básica ou oferecer uma palavra de conforto, Pablo ouve das pessoas que seu trabalho é uma manifestação de Deus na Terra. Seu compromisso e sua dedicação são uma fonte de inspiração para todos que o conhecem, principalmente para mim, que o acompanho e me inspiro em seu trabalho há décadas.

Certa vez, Pablo levou nosso outro grande amigo, o Fabricio Bloisi, para um dia de trabalho voluntário. Ele, que normalmente sempre pensa em grandes projetos, em alta escala, impactando milhões de pessoas, disse a seguinte frase: "Agora eu entendo a importância do seu trabalho de formiguinha. Muito obrigado por ter me trazido aqui, aprendi muito".

Fabricio Bloisi: tecnologia, inovação e impacto social

Como já falei sobre ele muitas vezes neste livro, Fabricio é o atual CEO da Prosus, ex-CEO do iFood e fundador da Movile, além de um dos grandes expoentes do empreendedorismo brasileiro. Natural de Salvador, demonstrou desde cedo uma paixão por tecnologia e inovação, começando a programar aos 8 anos e vendendo softwares na adolescência. Sua trajetória é marcada pelo equilíbrio entre criatividade e disciplina, valores que guiaram sua jornada na criação de empresas de sucesso global.

Sob sua liderança, o iFood não apenas cresceu exponencialmente em volume e alcance mas também integrou iniciativas sustentáveis, como a meta de se tornar uma empresa carbono-zero. Mais do que um visionário em negócios, Bloisi é um defensor de causas sociais e educativas. Ele é o criador da Fundação 1Bi,[97] um projeto que utiliza tecnologia para promover a educação e o desenvolvimento humano. Um dos destaques da fundação é o AprendiZAP,[98] uma ferramenta que oferece aulas gratuitas e materiais educativos via WhatsApp, beneficiando mais de 1,1 milhão de professores e 3,2 milhões de estudantes em regiões carentes do Brasil, conforme dados de janeiro de 2025.

---

97 FUNDAÇÃO 1 BI, *op. cit.*

98 APRENDIZAP. Disponível em: www.aprendizap.com.br/. Acesso em: 4 abr. 2025.

A plataforma também oferece gratuitamente a professores uma ferramenta na internet para que ajudem na montagem e na aplicação de materiais complementares às aulas. Outra iniciativa incrível é o programa "Meu Diploma do Ensino Médio",[99] em que o iFood oferece oportunidades educacionais para entregadores parceiros e seus familiares. A iniciativa reflete o compromisso da empresa com a inclusão social e o desenvolvimento profissional de quem trabalha na economia de plataformas, proporcionando acesso gratuito à educação e impulsionando a empregabilidade.

O programa foi criado para ajudar entregadores a concluírem o ensino médio por meio do Exame Nacional para Certificação de Competências de Jovens e Adultos (Encceja). Para isso, o iFood oferece uma série de recursos de apoio, incluindo materiais didáticos, videoaulas, simulados e orientação educacional personalizada, garantindo que os participantes tenham as ferramentas necessárias para alcançar a certificação.

Nas três edições, o programa impactou mais de 11 mil pessoas, promovendo não apenas a conclusão dos estudos mas também um aumento nas oportunidades de trabalho e de renda para os entregadores e suas famílias. A iniciativa vai além da educação básica, servindo como um primeiro passo para a qualificação profissional e abrindo caminhos para novos projetos de vida. Essa ação reforça sua visão de responsabilidade social e inovação ao utilizar a tecnologia para diminuir barreiras educacionais e criar um impacto positivo duradouro na vida de seus parceiros. O programa também se alinha com outras frentes de impacto social da empresa, como cursos de capacitação e incentivo ao empreendedorismo, mostrando que investir em educação é um dos caminhos mais eficazes para a transformação social e a inclusão produtiva.

Bloisi acredita que a tecnologia deve ser usada como uma ponte para reduzir desigualdades, proporcionar oportunidades e construir um futuro mais justo. Destaca também a importância de pensar grande e cultivar propósito em tudo o que faz. Para ele, liderar não é apenas atingir metas financeiras, mas criar impacto positivo na sociedade. Ele acredita que negócios

---

99 MEU DIPLOMA do Ensino Médio. **iFood**, c2025. Disponível em: https://institucional. ifood.com.br/meu-diploma-do-ensino-medio/. Acesso em: 4 abr. 2025.

bem-sucedidos devem contribuir para questões essenciais, como educação, inclusão social e sustentabilidade ambiental.

Casado e pai de quatro filhas, Bloisi valoriza profundamente o tempo com a família. Apesar da agenda lotada, ele prioriza momentos com os filhos, incentivando-os a sonhar grande e a cultivar valores. Seu compromisso com o Brasil e com o impacto social é um exemplo de como tecnologia e propósito podem transformar vidas, não apenas no campo empresarial mas também na sociedade como um todo. Diante do sucesso como empreendedor, foi apontado pelo *board* do grupo Prosus, controlador do iFood, como CEO global de um dos maiores conglomerados de tecnologia do mundo. É um verdadeiro orgulho para o Brasil e um exemplo a ser seguido pelas novas gerações de empreendedores.

Doutor Ricardo Affonso Ferreira: o médico que protege a Amazônia cuidando da saúde dos indígenas

Médico ortopedista vindo de uma família de médicos bem-sucedidos do interior de São Paulo, doutor Ricardo transformou a maneira como enxergamos a relação entre cuidado médico e preservação ambiental. Com o lema "Cuidar da vida, preservar a floresta", ele lidera expedições médicas da ONG Expedicionários da Saúde (EDS), que ele fundou para levar assistência médica a povos indígenas, reconhecendo-os como os verdadeiros guardiões da floresta.

Sua história começou em 2002, durante uma expedição ao Pico da Neblina, onde o encontro com a comunidade Yanomami de Maturacá despertou nele uma inquietação. Observando problemas de saúde não tratados, como cataratas e hérnias, ele prometeu retornar com médicos para ajudar. Essa promessa se concretizou em 2003, com a primeira expedição médica. Desde então, o projeto evoluiu para um sofisticado centro cirúrgico móvel, capaz de operar nas condições remotas da Amazônia.

Com 41 expedições realizadas, mais de 50 mil procedimentos médicos e 8 mil cirurgias, o impacto do projeto é inegável. Além de devolver a visão a milhares de pacientes com catarata, Ricardo e sua equipe aprenderam com os indígenas valiosas lições de solidariedade, generosidade e vida em comunidade. Ele compartilha histórias tocantes, como a dos Shinanai, que ensinam uns aos outros a caçar e pescar para garantir a autossuficiência coletiva, além da tradição de compartilhar alimentos de maneira que respeite a dignidade de todos. Um amigo do mercado de conteúdo infantil, o Zé Henrique, me mostrou um documentário[100] que produziu para a EDS. Nele é contada a história de uma moça cega, que esperava no hospital de campanha da EDS para ser operada de catarata com uma criança no colo. A voluntária pega a criança e o oftalmologista pega na mão dela para levá-la para a cirurgia. A próxima cena mostra a mulher voltando e enxergando seu filho pela primeira vez. Eu desabei de emoção. Quanto vale esse olhar? Ricardo me explicou que a EDS não devolveu a visão pra ela: "Quando um indígena volta a enxergar, nós damos de volta a vida para essa pessoa. Ela pode cuidar da casa, caçar e, principalmente, proteger a floresta". Nesse momento, eu decidi começar a movimentar meus relacionamentos para divulgar o trabalho do Ricardo e trazer mais doações para as missões.

Ricardo ainda enfatiza que a solidariedade não é apenas altruísmo, mas uma questão de sobrevivência. Ele acredita que cuidar da saúde dos povos indígenas é essencial para preservar a Floresta Amazônica, que desempenha um papel vital como "pulmão do mundo". Com dedicação e aprendizado mútuo, sua missão transcende a medicina, unindo saúde, cultura e sustentabilidade em um exemplo poderoso de como ações locais podem ter impactos globais.

Em 2024, a EDS passou por uma crise financeira enorme e precisou muito de doações para que as missões continuassem sendo feitas. Ricardo me confidenciou que há uma incerteza enorme para 2025 até que recursos financeiros sejam investidos para continuar seu trabalho. Quem quiser ajudar, entre no site: www.eds.org.br.

O VERDADEIRO IMPACTO

Neste capítulo, trouxe para você diferentes exemplos de formas de servir. Poderia ficar dias aqui contando histórias incríveis. Falando com alguns

---

100 DOCUMENTÁRIO | Expedicionários da Saúde: Missão Raposa Serra do Sol. [*S. l.: s. n.*], 2024. 1 vídeo. 54 min. Publicado pelo canal TV Cultura. Disponível em: www.youtube.com/watch?v=cC8hXY4Avqo. Acesso em: 4 abr. 2025.

214 Inquietação empreendedora

empreendedores e líderes sobre o propósito deste livro, fiquei ainda mais esperançoso em construir um mundo melhor. Eu acredito que o mundo tem muito mais gente boa do que ruim, muito mais gente generosa do que mesquinha, porém as notícias boas não geram cliques, não dão audiência. Muitos também não gostam de aparecer, decisão que eu respeito. Contudo, acho essas histórias tem de ser contadas, divulgadas, idolatradas. Não há uma melhor que a outra. Cada uma tem seu valor, desde quem faz uma simples doação até quem dedica uma vida inteira ao próximo. Aqui, não quero discutir ou medir o impacto que você vai causar na sociedade, e sim quero falar de você, com você e para você. Quero que o verdadeiro impacto aconteça em seu coração e faça sua mente atuar em um ciclo virtuoso de transformação.

Estamos quase no final e quero agora abrir meu coração para você e dizer o que eu estou pensando sobre o legado que quero deixar. Vamos para nosso último capítulo, no qual falaremos sobre a "Máquina do Bem"! Quem sabe você não fabrica uma para você?

CAPÍTULO 14
REALIZAÇÕES QUE INSPIRAM E UM LEGADO QUE PERDURA

Chegamos juntos ao fim dessa jornada de aprendizado. Tenho consciência de que o conhecimento que passei neste livro é uma pequena contribuição para ajudar você a voar muito mais alto. Entretanto, também reconheço que a parte mais importante começa agora, momento em que você vai colocar tudo em prática. Tenho muita confiança de que, com minhas aventuras, erros, acertos, cabeçadas, becos sem saída, lágrimas e frios na barriga, nós vamos juntos implementar mudanças que vão mudar sua trajetória para sempre.

Agora que você tem as ferramentas certas, construa uma vida de realizações equilibradas, uma prosperidade que vai além do financeiro e um legado que inspira outros. Se você teve a disciplina e a paciência para chegar até aqui, as chances de você persistir nos desafios dos próximos passos é grande.

Vivo um momento maravilhoso em minha vida. Divido minha rotina entre buscar novos clientes empreendedores para minhas mentorias, faço algumas palestras on-line, participo de algumas reuniões de *board*, ajudo alguns empreendedores e empreendedoras com sessões de aconselhamento e atuo na Karimu Foundation, ajudando o Nelson Mattos a arrecadar fundos e executar projetos que tiram as pessoas da Tanzânia da pobreza extrema. A grana que eu ganho nas mentorias em grande parte é doada para a Karimu. Como os jornalistas Gustavo Brigatto e Gabriela Del Carmen descreveram muito bem,[101] estou criando uma "Máquina do Bem".

Meu trabalho hoje pode ser feito de qualquer lugar do mundo; por isso, tomei uma decisão extremamente importante com minha esposa: estamos fazendo uma viagem nômade de catorze meses, vivendo em vários países diferentes do mundo por cerca de trinta dias em cada. Nossos filhos, hoje

---

101 DEL CARMEN, G. Da Movile à Tanzânia: como Eduardo Henrique quer criar sua "máquina do bem". **Startups.com.br**, 26 fev. 2024. Disponível em: https://startups.com.br/impacto-social/da-movile-a-tanzania-como-eduardo-henrique-quer-criar-sua-maquina-do-bem. Acesso em: 4 abr. 2025.

com 14 e 10 anos, estão tendo a oportunidade única de conhecer diferentes realidades do mundo e, sobretudo, aprendendo a se adaptar constantemente a mudanças. Criar essas crianças como cidadãos do mundo, mais humanos, mais receptivos e adaptáveis faz parte do meu propósito de vida.

Para mim, tem sido uma experiência formidável. Tenho estudado novas religiões que nunca tinha conhecido profundamente, como o budismo, o hinduísmo e o islamismo, descobrindo muitíssimas similaridades entre elas e o que eu quis comunicar nesta obra: servir e ter uma vida plena faz bem para a alma e para o mundo. Na viagem, cada membro da família carrega apenas uma mochila e uma mala de mão. Para conseguirmos isso, precisamos nos livrar literalmente do supérfluo de nossas vidas. Viver com quatro camisetas, uma calça jeans, três bermudas, um tênis de corrida e uma papete, quatro cuecas, uma sunga e quatro pares de meia traz muito mais aprendizado e significado do que ter um armário cheio de roupas que não uso.

Aqui, principalmente pelo fuso horário e pela distância física da rotina tradicional, forçadamente tive de dar muito mais atenção à família. São eles meus companheiros de restaurantes, bares, passeios. É com eles que vou para a academia e o cinema. É com eles que saio para correr 6 quilômetros em qualquer parque que encontramos na rua. É com eles que compartilho estudos e aprendizados, dividindo tudo nas três refeições que fazemos juntos todos os dias. É com eles que vou ao hospital quando algum de nós fica doente. E é também com eles que morro de dar risada ao chegarmos em um novo país e irmos conhecer o supermercado local (nosso programa favorito), onde nunca achamos os produtos que queremos e temos de começar tudo de novo, experimentando coisas novas.

Desejo que seu sucesso empresarial lhe dê oportunidades não só para comprar as coisas que você deseja mas também para criar experiências com significado, como essas.

A FORÇA EMPREENDEDORA PARA FAZER UM MUNDO MELHOR

Ao longo da minha jornada, percebi que esperar pelo governo para resolver os problemas da sociedade é uma ilusão. O governo, com todas as suas limitações e desafios, muitas vezes não consegue agir com a rapidez e a eficiência necessárias. A maior prioridade dos políticos atualmente é se manter no poder, e definitivamente não é buscar eficiência em resolver problemas da população. Falo isso de maneira geral, apartidária. Vi poucas exceções a essa afirmação nos últimos vinte anos, principalmente no Brasil, mesmo com a alternância de poder.

Sou um bicho meio estranho politicamente falando. Tenho uma paixão maluca pelo Brasil, um sentimento nacionalista forte, me emociono com o hino nacional, já estive em quatro Copas do Mundo e três Olimpíadas torcendo pelo país abraçado com nossa bandeira. Chorei litros no ginásio com o ouro da Rebeca Andrade, fiquei rouco com a prata do Isaquias Queiroz, e tem mais um monte de momentos marcantes no currículo. Como empreendedor, acredito em meritocracia para criar empresas eficientes e acredito que isso ajuda a gerar empresas fortes, lucrativas, que precisam olhar com profundo compromisso sua função social. Fui a fundo implementando políticas de diversidade nas empresas que dirigi, e muitas não tiveram os resultados necessários. Aprendi muito, tomei pancadas, vi que é um tema que precisa de consistência e investimento constante com resultado no longo prazo. Lázaro Ramos falou em uma palestra para os gerentes da Movile que diversidade é cara, e ela precisa de empresas bem-sucedidas que genuinamente acreditam nisso para que funcione, como o exemplo que a Apple tem nos dado. Fico indignado com a corrupção no governo e a ineficiência do Estado. Acredito também muito que quem construiu muita coisa e acumulou riqueza deve voluntariamente buscar ajudar quem tem menos. Acredito que isso veio da minha formação cristã e é parte da minha personalidade. Portanto, me considero um pêndulo, com vários conceitos convivendo na mesma pessoa. Acredito também que a alternância de poder no longo prazo é o mais saudável para uma democracia. Acredito que pessoas que pensam diferente de mim precisam ter em alguns anos governantes que priorizem coisas diferentes do que eu julgo serem as mais importantes.

Diante dessa indignação generalizada em relação à classe política, minha primeira reação foi me isolar, revoltado, pensando que pagando os impostos eu já estava fazendo a minha parte, e jogava toda a culpa da situação na incompetência dos governantes. Passei boa parte da minha vida profissional pensando isso. Vi, porém, que esperar por uma melhora nisso era inútil, da mesma forma que acho absolutamente inútil entrar em discussões políticas no contexto que vemos hoje.

O nível do debate político ultimamente é pífio, inútil, beira o ridículo. Minha crítica vai para os posicionamentos e argumentos polarizados e superficiais das discussões que vejo hoje nas redes sociais. Falo isso com propriedade, pois me inseri nesse contexto há alguns anos. Certa vez fiz uma enorme burrada de postar em uma rede social que votaria no candidato X no segundo turno das eleições. Achava o candidato fraco, mas menos pior do que o oponente. Recebi uma mensagem agressiva e inconformada de um grande amigo meu da faculdade reclamando e me condenando pela minha posição. Tentei argumentar em vão, e a discussão terminou com o afastamento da amizade. Ouvi inúmeras histórias de brigas familiares e de amigos por conta desse tipo de assunto. É incrível que pais e filhos, irmãos e melhores amigos deixem de se falar por tentarem defender estranhos que na enorme maioria das vezes estão pouquíssimo comprometidos em fazer a diferença em suas vidas.

Lembro que o Eddie, no livro sobre sua luta no Holocausto, que comentamos anteriormente, conta que até hoje não consegue entender como pessoas que conviviam com ele, amigos pessoais, sofreram uma lavagem cerebral e se transformaram em soldados de uma das maiores barbáries feitas pela raça humana em toda a história. Pessoas que tomavam café com ele dando risada, cuspiram e o agrediram poucos anos depois.

Felizmente, passei a discutir menos e agir mais concretamente em vários projetos que impactam a vida das pessoas. Comecei a ver que minha satisfação e felicidade ao fazer parte disso me davam mais retorno pessoal do que eu doava. Digamos que o Retorno sobre o Investimento (ROI) dessas ações era altamente positivo em meu coração. Vi que, se mais pessoas bem-sucedidas vivessem essa experiência, poderíamos resolver os problemas da sociedade que o governo demoraria séculos para solucionar. Eu me dei conta de que a mudança real vem de ações independentes, de organizações e empreendedores que se propõem a fazer a diferença.

Quando comecei a me envolver com a Karimu, tudo ficou muito claro para mim. Vi que a eficiência e o modelo focado em dados e impacto, sem corrupção, não apenas transformavam vidas mas também atraíam a atenção dos governantes. Eles perceberam que apoiar a Karimu era benéfico, não apenas para a sociedade mas também para eles mesmos. Essa inversão de papéis, em que o governo passa a colaborar com iniciativas independentes, é um testemunho do poder da ação focada e bem executada. Ao invés de esperar, nós, como empreendedores e cidadãos, devemos liderar pelo exemplo, mostrando o caminho e criando um ambiente onde o governo queira se juntar a nós.

A Karimu opera de maneira independente, apolítica e com um impacto tangível, fazendo com que o governo se interesse em colaborar por interesse próprio, mas resultando em benefícios enormes para a sociedade. Como já falei antes, com 5 milhões de dólares em um ciclo de aproximadamente dez anos para impactar a Vila de Ayalagaya na Tanzânia (África), com 15 mil habitantes, isso dá aproximadamente 333 dólares por pessoa, para tirar cada uma da pobreza extrema de maneira autossustentável, uma vez que todos os projetos da Karimu são autossuficientes no longo prazo. Todas as decisões estratégicas e a priorização dos projetos são feitas pela comunidade, sem fins políticos. Ouvindo a necessidade das pessoas é que se começa a pensar na solução e, com base nisso, os políticos passaram a tomar suas decisões observando os projetos que a comunidade priorizava. Em várias situações, o poder público na Tanzânia acabou complementando projetos importantes trabalhando lado a lado com nossa entidade. Por exemplo, nós construímos um dormitório para abrigar e cuidar de noventa crianças com deficiência. Na cultura local, uma criança com deficiência é considerada um castigo de Deus, uma maldição, e normalmente as famílias as criam escondidas da sociedade. Nós tínhamos mapeado menos de vinte casos, mas esperávamos que poderíamos servir a famílias de outras regiões também. Depois do dormitório pronto, construímos três salas de aulas exclusivas para essas crianças. Em pouco tempo as noventa vagas se esgotaram, e o tabu de ter uma criança especial deu espaço a uma colaboração linda para cuidar dessa turminha.

Vendo o sucesso do projeto, o governo local propôs uma parceria: eles construíram a cozinha industrial para alimentar as crianças, e a Karimu deveria construir o salão para o refeitório. Acabou que essa parceria beneficiou a todos!

No mundo atual, acredito firmemente que o espírito empreendedor é uma força transformadora capaz de moldar uma sociedade para melhor. Vejo a missão do empreendedor em criar riqueza, gerar empregos e contribuir para a sociedade como a locomotiva que impulsiona o progresso, mesmo diante da crise de credibilidade na classe política. A verdadeira mudança vem de ações concretas e do poder do empreendedorismo. Ao invés de esperarmos que os governos solucionem os problemas, devemos assumir a responsabilidade e agir, servindo como exemplo para as novas gerações. Ao educar crianças para utilizarem tecnologia e inovação, criamos um mundo melhor, livre de polarização, conflitos e corrupção. Em vez de nos preocuparmos com o debate e o mundo das ideias, devemos usar essas ferramentas para servir de maneira concreta.

Estamos passando por uma revolução de produtividade com impacto maior do que aquele que a Revolução Industrial causou no mundo séculos atrás. Com IA, computação em nuvem, robótica, Internet das Coisas, conexão 5G, tudo isso acontecendo ao mesmo tempo, vamos assistir a uma explosão de produtividade no mundo com potencial para resolvermos problemas antes inviáveis. Comunidades em lugares mais pobres terão mais ferramentas para acelerar seu desenvolvimento como nunca vimos anteriormente. Em uma de minhas visitas à África, em uma breve sessão ensinei funcionários na Tanzânia a usar IA generativa para criar textos, responder e-mails e aumentar a produtividade. O impacto foi notável, mostrando como até mesmo alguns minutos de orientação podem fazer uma diferença significativa em comunidades com menos recursos. Isso demonstra o poder de uma ação simples, eficiente e bem-intencionada. O que importa não é o tamanho da doação ou do impacto, mas a ação em si, seja ela pequena, média ou grande.

O sucesso profissional, alcançado por meio do empreendedorismo, é fundamental. No entanto, esse sucesso deve ir além dos ganhos materiais e envolver um compromisso genuíno com a sociedade. Em vez de nos perdermos em discussões teóricas e radicalismos ideológicos, devemos encontrar prazer em servir e contribuir ativamente para um mundo melhor. Para mim, a responsabilidade de transformar a sociedade está nas mãos de cada indivíduo que adota uma postura empreendedora. Acredito no poder das pequenas ações diárias que, somadas, têm um impacto transformador.

Ah, e sabe aquele meu amigo da faculdade que me "cancelou" por causa do meu voto? Um bom tempo depois nos falamos. Para ser sincero, eu nem me lembrava muito bem do ocorrido, mas ele foi logo falando: "É você quem vota naquele candidato, né?". Minha resposta para ele foi a seguinte: "Eu não discuto política nas redes sociais com ninguém há uns dez anos mais ou menos. Descobri que é uma enorme perda de tempo. Decidi eu mesmo construir meu caminho para impactar o mundo ao invés de esperar que meu voto resolva algo. Financiei um projeto para mostrar a realidade das mulheres empreendedoras do Vale do Jequitinhonha, investi em um sistema gratuito que dá ferramentas para professores de escolas públicas [o AprendiZAP] e recentemente tenho trabalhado umas dez horas por semana em uma ONG que combate a pobreza extrema na África, depois de duas missões humanitárias lá na Tanzânia".

A resposta dele foi: "Você fez muito pelas pessoas em seus projetos... Quem sou eu para julgá-lo".

Acho que o amor-serviço de minhas ações colocou um curativo na ferida da amizade machucada.

A possibilidade de fazer o bem agindo e servindo é tão forte que acaba com discussões ideológicas, deixando no ar a sensação do dever cumprido. Tudo isso faz o Edu de hoje muito mais feliz do que o Edu de anos atrás. Refletindo sobre o que eu quero que as pessoas pensem sobre mim em meu leito de morte, eu desejo que elas lembrem que fiz diferença para um mundo melhor. Quero que meus filhos levem com eles os exemplos de trabalho duro, resiliência, generosidade e amor-serviço. Se você também ficou com essa impressão, meu trabalho de mais de 25 anos para chegar até aqui valeu a pena.

Até breve! Espero que eu tenha conseguido fazer com que você tenha assimilado dicas para seu sucesso como líder, mas principalmente que tenha feito você refletir sobre seu papel na construção de um mundo melhor. A verdadeira transformação vem daqueles que agem com determinação, encontrando significado no serviço ao próximo. Lembre-se de que não importa o tamanho da contribuição; o que realmente importa é a disposição de fazer a diferença sendo protagonista de um mundo melhor. Eu confio que você pode!

Peço uma última coisa: não me deixe aqui sem notícias. Volte para consultar partes do método em que você ficou em dúvida ou até mesmo que você tenha esquecido. Volte para lembrar as histórias inspiradoras de pessoas que foram referência para mim. Eu vou estar aqui ansioso para lhe explicar tudo de novo. Quero muito que você me conte os grandes resultados que você conseguiu.

Crianças especiais dos projetos da Karimu na Tanzânia.

Este livro foi impresso pela gráfica Santa Marta em
papel pólen bold 70 g/m² em junho de 2025.